ARRETE D'ETRE UNE FEMME FORTE

W0339459

CLARISSE LIBENE

Copyright © 2020 Clarisse LIBENE

Tous droits réservés.

Merci d'avoir acheté la version autorisée de ce livre, et d'accepter les termes du copyright. Toute reproduction ou distribution d'une partie ou de l'intégralité de ce livre, sans l'accord explicite de l'auteur est interdite.

Version 1.0

ARRETE D'ETRE UNE FEMME FORTE

DÉDICACE

A Isis, Sekhmet, & Oshun,
A mes guides, mes anges et mes ancêtres,
A ma famille :
mes parents, mes enfants Ruben & Serena,
ainsi que mes frères et sœurs, de sang & de cœur

.

Dédoublée

Ce soir-là, cela faisait déjà neuf ans que nous étions ensemble. Nous avions vécu tellement de choses et tellement d'épreuves. Tellement de joies aussi. Je ne voyais pas ma vie sans lui. Notre premier enfant venait de souffler sa deuxième bougie et nous avions acquis notre premier appartement ensemble quelques années plus tôt. Ma carrière était au top. Je me sentais bien. Je gagnais bien ma vie. J'étais avec l'homme que j'aimais, maman heureuse et comblée et j'envisageais déjà de mettre bébé numéro deux en route. J'avais enfin la vie à laquelle j'aspirais depuis mon plus jeune âge.
Je n'étais pas condamnée à l'échec comme on avait tant voulu me le faire croire dans mon collège pourri de Seine-Saint-Denis. J'avais réussi et je continuais sur le chemin de la réussite. Mariée, deux enfants, la maison, la voiture, le job de mes rêves. J'y arrivais. Je touchais enfin au but. J'allais enfin avoir la famille que je voulais.

J'avais tellement vu mes amies souffrir du divorce de leurs parents que j'étais fière de reproduire le schéma dans lequel j'avais moi-même grandi. Des parents ensemble, même s'ils sont en désaccord, ils sont ensemble. J'allais enfin pouvoir offrir à mon fils ce que j'avais moi-même mis tant de temps à avoir. Un petit frère ou une petite sœur. J'allais lui empêcher de ressentir la solitude de l'enfant unique qui m'avait tant pesée pendant les huit ans où j'avais attendu l'arrivée de ma sœur. Seule, j'avais été tellement seule. Je m'étais jurée de ne pas faire d'enfant unique.

J'avais justement aimé que le père de mes enfants soit lui-même d'une famille nombreuse. J'étais rassurée. Il disait que la famille c'était important pour lui. Qu'il voulait au moins quatre enfants et partir en vacances en famille dans un bus à la découverte du monde. Je travaillais tous les jours d'arrache-pied avec cette vision en tête. Envers et contre tout. Le racisme, les discriminations. Les classes préparatoires. Le stress, bref, envers et contre tous. J'étais loin de me douter que ce serait aussi et surtout, envers et contre lui.

Ce soir-là donc, nous recevions, comme nous en avions l'habitude, ses amis pour un match de foot. Ce n'était pas du tout mon truc mais ces instants d'échanges étaient des moments que j'avais appris à apprécier. Nous étions au bar de la cuisine. Je préparais des amuse-gueules et m'assurais que personne ne manquait de rien, en parfaite épouse et maîtresse de maison que j'étais, à ce moment, dans ma tête.
Et puis la fameuse question est arrivée. " C'est pour quand le deuxième ? ".
Une question somme toute anodine lorsque l'on la pose à un couple qui s'aime, semble en bonne santé et heureux. Je ne me rendais pas compte que cette question, posée en toute innocence par un de ses amis allait faire l'effet d'une bombe dans ma vie. En fait ce n'est pas la question qui eut l'effet d'un tsunami, mais plutôt la réponse de mon ex- " mari ".

" Ah non, pour moi les enfants c'est fini ", lâcha-t-il avec un éclat de rire qui faisait ressortir une espèce de diable que je n'avais jamais voulu voir jusqu'alors en lui. Je crus d'abord à une blague de mauvais goût, mais non, il était très sérieux lorsqu'il disait à son pote : " Ah non, moi les enfants, c'est fini ".

Il l'a dit, une fois, deux fois, trois fois. Devant moi. Avec le sourire. A mesure qu'il répétait ces mots, je me sentais sortir de mon corps. Sa voix devenait de plus en plus lointaine, comme si je m'étais envolée et que j'assistais à la scène de loin. Je me suis alors observée. Moi, Clarisse. Là, en train de sourire aussi, et de faire semblant que tout allait bien. Je me suis vue, là, en train de porter ce masque de la parfaite épouse qui accepte tout et tolère tout. Surtout pas de scandale devant les gens. “ Garde ça pour toi, me disais-je. Ne réagit pas. ”

Cela faisait neuf ans que l'on était ensemble et je ne l'avais jamais entendu dire ça. Jamais. A ce moment, j'ai ressenti comme un poignard me transpercer le dos et rester en plein milieu de mon cœur. Mon monde s'effondrait. Comment osait-il parler d'un sujet aussi sérieux avec autant de désinvolture ? Même pas à moi en plus, la principale concernée.

Je me voyais en train de lui sourire, mais la Clarisse en moi qui assistait à la scène de loin, celle qui s'était envolée, cette Clarisse-là, jeta alors sur lui un regard tellement noir qu'on aurait cru voir une marée de pétrole sortir de mes yeux.
Ce jour-là, au fond de moi, j'ai su. J'ai su que ce que je ressentais depuis la grossesse de notre enfant était vrai.
“ Ce type ne t'aime pas, Clarisse, ce type ne t'aime pas ! Il se sert de toi. Maintenant qu'il a eu ce qu'il voulait, il s'en fout de ce qui compte pour toi. ”
C'est à ce moment-là que j'ai su que j'étais en train de me trahir. Là que je me suis dédoublée.

Cette voix, c'était celle de la lionne en moi. Une voix gardienne, protectrice, qu'à cette époque de ma vie, j'ai préféré laisser dans un coin de ma tête. Même si je savais qu'elle avait raison, j'étais incapable de la laisser guider mes prochaines décisions.

Qu'est-ce que cela voulait dire ? Divorcer ? Prouver à mes parents qu'ils avaient raison sur lui depuis le début ? Faire de mon fils un enfant du divorce ? Renoncer à tout ce que j'avais construit ? Braver cet interdit familial qui veut qu'une femme n'ait pas d'enfants de pères différents ? Refaire ma vie ? Avec qui ? Un autre homme qui allait aussi me dire que j'étais trop grosse ? Moche ? Qui allait profiter de mon absence pour faire du mal à mon enfant ? Je me sentais piégée. Enfermée dans une cage. Terrorisée. Dans une voie sans issue. Il m'arrivait de fermer les yeux et de me sentir faner de l'intérieur. Debout mais morte. Une zombie.

Chaque soir, en allant me coucher, j'entendais le bruit des barreaux coulissants des cellules de prison. Le cling des clés des matons lorsqu'ils font leur ronde. Je me couchais à côté de mon geôlier tous les soirs. Plus le temps avançait, plus ses mots doux et ses gestes d'attention me rendaient folle, tellement ils me paraissaient faux et hypocrites.

Une vie de faux semblants ? Est-ce ce pourquoi j'avais tant lutté ? Devais-je assister impuissante au meurtre de la femme que j'étais ? Pire, de celle que j'aspirais à devenir. J'étais dans une voie sans issue. Renoncer à moi, ou renoncer à moi. Comment continuer à vivre dans ces conditions-là ? La lionne en moi se sentait en cage.

Cette lionne qui vibrait à l'intérieur de moi hurlait, elle était pleine de rage. Et c'est avec colère qu'elle a réussi à faire sauter tous les barreaux de la prison mentale dans laquelle elle s'était laissée enfermer depuis son plus jeune âge. Elle a sorti les crocs. Elle est allée chercher au plus profond de ses tripes, de ses peurs et de ses plus vieux traumatismes la force de défendre ce qu'elle était, ce en quoi elle croyait.
Cette histoire, c'est celle que je vous raconte aujourd'hui, à vous qui parcourez les premières pages de ce livre, à vous qui vous sentez peut-être vous aussi en cage. Vos guides, vos anges protecteurs et

vos ancêtres vous ont conduit jusqu'ici. Pour que vous ne vous sentiez pas seule, que vous vous rendiez compte de la merveille que vous êtes.

Que cette quête et cette soif de liberté est un voyage à la découverte de votre moi le plus profond et d'un amour inconditionnel de la personne que vous êtes.
Pour que vous trouviez des outils et la force en vous de faire sauter tous les verrous, toutes les croyances qui vous enferment, qui créent un vide en vous et vous empêchent d'être la lumière que vous êtes censée être.
Pour que vous n'acceptiez plus l'inacceptable, ne tolériez plus l'intolérable. Pour que vous deveniez à nouveau vous, car le monde a besoin de vous, ma chère sœur, le monde a besoin de la lumière qui sommeille en vous.

énergie féminine

Circulaire, cyclique, qui reçoit, intuitive, souple, posée, calme, douce, sensuelle, collaborative, réceptive, orientée vers l'intérieur, nourricière, émotionnelle, lunaire, axée sur le chemin, le *process*.

énergie masculine

Rigide, linéaire, directive, protectrice, tendue, intellectuelle, qui donne, qui contrôle, compétitive, active, solaire, orientée vers l'extérieur, rationnelle, logique, intellectuelle, axée sur le résultat.

Déracinée

Déracinée, c'est bien ce dont il s'agit. De déracinement. L'idée de n'être chez soi nulle part. D'avoir un pied ici, un pied ailleurs, c'est le lot des femmes qui n'ont pas grandi ou qui n'évoluent pas là où ont grandi leurs parents. Il leur manque des racines, des fondations stables sur lesquelles elles peuvent s'appuyer pour évoluer dans la vie. Il leur manque un sentiment de sécurité profond, un ancrage à la Terre, à leur terre. A la terre de leurs ancêtres. Un ancrage qui fait que peu importe là où elles se trouvent dans le monde, ***elles ont accès à une source intarissable d'énergie féminine***. Un ancrage qui leur procure le sentiment qu'elles ne manqueront jamais de rien et qu'elles seront toujours nourries, aimées et guidées.

Maman forte, fille forte

Le sentiment de déracinement trouve généralement ses sources dans une des relations les plus importantes de la vie. Celle que l'on entretient avec notre mère. Nous sommes le fruit de leur propre ancrage à la nature, à leur nature féminine et à leur féminité.

Une femme qui est principalement dans son énergie féminine est douce, maternelle et maternante, nourricière, intuitive et créative. Que l'on veuille se l'admettre ou non, nous nous construisons en réaction à notre maman et bien souvent, nous allons reproduire consciemment ou inconsciemment ce que nous avons vu chez elle.

Si nos mamans ont elles-mêmes souffert d'un manque d'ancrage à leur nature féminine et ont dû revêtir un rôle plus masculin que féminin, il y a de fortes chances que l'on reproduise nous aussi ce schéma vu dans notre petite enfance, mais aussi dans nos relations. Nos relations amicales, familiales, professionnelles - et de manière plus fondamentale - dans notre relation à nous-même.

Les femmes qui portent le masque de la femme forte ont souvent eu des mères masculines. *Poto Mitan*, femmes fortes, pilier du foyer au niveau financier et matériel. Des *working women* qui n'étaient jamais là pour assurer leur sécurité. Pas leur sécurité matérielle. Pas leur sécurité physique, mais leur ***sécurité émotionnelle***.

Ce sont souvent des femmes qui ont eu des mamans très froides chez qui la demande d'un câlin était vue comme une faiblesse ou un truc de Blanc. Elles ont eu des mamans très dures. Dures par la force des choses et endurcies par les difficultés de la vie.
Elles étaient souvent l'ainée de la fratrie et ont vu leur maman se battre au travail tous les jours. Ce sont des femmes qui, dans leur enfance, se sont senties seules face à leurs besoins émotionnels et ont dû y faire face toutes seules.
Cela étant impossible à un enfant, elles ont complètement mis de côté leur besoin de douceur, de câlins, de bisous et se sont dit qu'elles n'en avaient pas besoin. Que ce n'était pas nécessaire dans la vie. Parce qu'elles étaient dans un environnement où cela n'avait pas sa place. Pour survivre, elles ont dû se couper de ce besoin quand elles étaient petites et à un moment donné, surtout à la

naissance de leur premier enfant, le manque qu’elles ont vécu quand elles étaient petites refait surface et elles pètent un câble.

En fait, au fond d’elles-mêmes, elles pensent que leur mère ne les aime pas. Quand un enfant pense que sa mère ne l’aime pas, il se dit que personne ne peut l’aimer. Il ne s’aime pas non plus.

Leur mère, par leur agissement inconscient, leur a planté la graine de l’inutilité d’attributs essentiels de la féminité. La douceur, la beauté, la tendresse, la sensualité, la créativité, le lâcher prise. C’est pourtant un besoin essentiel de l’être humain. Elles se sentent vides. Stupides. Même si une voix dans leur tête leur dit qu'elles ont de la valeur, qu’elles ont le droit d'être aimées et qu’elles le méritent, une autre les empêche d'y croire.

Lorsque petites filles, elles ont vu leurs mamans se tirer les cheveux pour joindre les deux bouts, une partie d’elles s’est adaptée à la situation en se disant qu’il ne fallait surtout pas être un problème supplémentaire pour leur maman, pour leur famille. Elles ont pris l’habitude de ne jamais rien demander à personne et de se débrouiller toutes seules. De surcroît de faire pour tout le monde, sauf pour elles-mêmes.

Le masque de la femme forte

Le masque de la femme forte est la réponse que nous avons trouvée à notre traumatisme du déracinement.
La femme forte c'est une femme en apparence très confiante en elle. Qui réussit tout ce qu'elle entreprend. Qui n'a peur de rien et qui n'a besoin de personne. Pour elle, montrer qu'elle a des besoins est juste terrifiant car on lui a appris, dès son plus jeune âge qu'il fallait qu'elle ne dépende de personne. Qu'exprimer ses besoins, en particulier d'aide et d'amour était un signe de faiblesse. Que demander à être écoutée, à recevoir de la tendresse était un problème. Qu'être créative ne servait à rien. Que c'était un signe de faiblesse et dans le contexte dans lequel elle a grandi, se montrer faible est source d'ennuis.

Elle a souvent vu sa mère porter les charges du foyer et pour elle c'est tout à fait normal. Une femme, c'est le pilier du foyer et elle n'a besoin de personne. Surtout pas d'un homme. Les hommes ? Il faut s'en méfier. Les employeurs ? Hostiles et racistes. L'argent ? Une chose que l'on va chercher et qui est là pour régler des problèmes. On n'en a pas besoin pour se faire plaisir non, on en a besoin pour payer les factures et pour régler les problèmes, des autres surtout, rarement les siens.

Les femmes fortes refusent l'aide qu'on leur offre, de manière consciente, " non ça va aller ne t'inquiète pas, je n'ai besoin de rien, je vais me débrouiller ".
Les " femmes fortes " ne se reposent jamais. Elles sont toujours sur le qui-vive, passant d'un projet à un autre. Elles se disent guerrières, *warrior* et s'enorgueillissent souvent de ce trait de personnalité, sans se rendre compte qu'elles sont en train de creuser leur tombe.

Je vous donne souvent l'exemple de mon déménagement après mon divorce. J'ai géré mon déménagement quasiment seule et refusé l'aide de quasiment tout le monde. Dès que quelqu'un me proposait son aide et qu'elle ne rentrait pas dans mon plan d'action (qui bien évidemment ne comptait que moi), mon cerveau se mettait en mode recherche de solutions : comment vais-je pouvoir caser ces bras supplémentaires dans mon plan super stratégique de la mort qui tue ?
Pourtant j'avais énormément besoin d'aide.
Déménager ne se fait jamais seule et c'était d'autant plus vrai pour moi à ce moment-là de ma vie. Ma fille avait à peine huit mois et je l'allaitais encore. Surtout, je n'avais pas les moyens de m'offrir les services d'un déménageur avec des prestations tout compris.
Après avoir constaté combien ce déménagement m'avait épuisée, moralement et physiquement, je me suis promise alors qu'à l'avenir, j'apprendrai à demander de l'aide, même si cela ne m'était pas naturel et que cela me coûtait énormément. J'avais vraiment besoin de taire en moi la croyance que je devais tout faire toute seule.

L'attente implicite

Ce qu'il y a de pire, je trouve, avec le masque de la femme forte, c'est qu'au fond de nous, on attend que notre entourage et que les gens nous viennent en aide à un moment donné.

En apparence, on n'attend rien de personne mais pourtant au fond de nous, on attend. On attend qu'on s'occupe de nous en retour de tout ce qu'on fait pour les autres.

On se dit " bon, j'ai fait tout ça, je me suis gérée seule pendant x temps, je n'ai pas exprimé mes besoins pendant x temps pour vous permettre de remettre de l'ordre dans votre vie, je vous aide etc... Mais à un moment donné, vous allez bien finir par comprendre que j'ai quand même besoin d'amour, non ? ".

Pourtant à mesure que l'on porte ce masque, une deuxième chose assez fâcheuse se produit, les gens autour de nous deviennent des profiteurs. Ils le deviennent car, malheureusement, on leur donne toujours sans nous assurer de recevoir quelque chose en retour. Sans nous assurer que nos besoins sont aussi comblés dans ces échanges.

Ces personnes peuvent être l'homme avec qui vous vivez, votre père qui débarque chez vous pour vous déverser ses problèmes sans vous demander une minute comment vous allez. C'est normal, vous lui dites toujours que ça va, alors pourquoi encore vous demander si ça va ? Il connaît la réponse d'avance ! Vous voyez le truc ? Cela peut être votre sœur, votre frère, votre cousine, un collègue, votre boss ou même votre " meilleure amie ".
C'est souvent le cas pour les personnes qui ont encore de la famille au pays et qui taisent les problèmes qu'ils rencontrent en occident à leur famille. Ils ne souhaitent pas être un fardeau supplémentaire. Ils répondent présent à chaque demande, à coup de Western Union et de MoneyGram, souvent au détriment de leurs propres besoins et des besoins de leurs enfants. Ils investissent dans leur famille en se disant, " bon, ça va durer un temps et puis après, je pourrai enfin me focaliser sur moi. Ils vont bien finir par comprendre que j'ai aussi des charges. "
Malheureusement, ce moment arrive rarement.

C'est aussi le cas de la femme forte en entreprise. Elle donne toujours et toujours plus à son employeur, à ses collègues en se disant qu'après avoir fourni tous ces efforts, elle pourra enfin mériter la promotion ou l'augmentation à laquelle elle aspire. C'est rarement le cas. En entreprise, comme dans tous les autres domaines de la vie, si on ne demande pas, on reçoit rarement.

Les femmes fortes accumulent les casquettes et en font toujours plus, ne fixent aucune limite. Elles donnent toute leur énergie sans jamais s'assurer d'en recevoir en retour.

Mais pourquoi en faisons-nous toujours plus ? Pourquoi en faisons-nous autant ? La réponse est simple et se résume en quatre mots : la peur de manquer.

La peur de manquer

La peur de manquer est l'une des peurs que je rencontre le plus avec mes coachées. Que ce soit dans le cadre d'un coaching business ou d'un life coaching ou même d'un coaching sexualité. La peur de manquer est à mon sens la pire des peurs. Parce qu'elle part de nos fondations, de nos racines et qu'elle empêche la circulation de l'énergie dans tout notre corps et donc dans toute notre vie.
Lorsqu'on a peur de manquer, on prend les pires décisions dans la vie ou must du must, on n'en prend pas du tout. On est là assis comme un bout de bois desséché sur une plage et on attend que la mer vienne nous prendre pour nous emporter je ne sais où, être à la merci de je ne sais qui.

Je me souviens de la fois, de manière très violente, où la peur de manquer a rejailli dans ma vie.
Je venais de divorcer. Je venais d'accoucher. Je venais de liquider ma boite et j'étais criblée de dettes. Je ne savais juste pas comment j'allais pouvoir nourrir mes enfants. Je sortais de la maternité et un courrier d'avocat de mon ex m'attendait dans la boîte aux lettres. Je l'ai ouvert et voici ce que je lisais en résumé :

" Bon, Madame, comme vous n'avez pas les moyens de racheter les parts de votre appartement et que Monsieur veut partir, vous avez deux mois pour quitter les lieux et si vous n'avez pas d'argent et bien allez voir une assistante sociale ! ".
Oui, ce cafard avec qui je venais de passer quatorze ans me virait de chez moi et me laissait deux bouches à nourrir seule.

Je vous dis cela avec le sourire aujourd'hui mais au moment où j'ai reçu la lettre, avec ma fille en train de téter au sein, mon utérus même pas remis en place et mon fils à aller chercher à l'école trente minutes plus tard, je peux vous dire que je n'en menais pas large.

J'ai pris panique. Je ne dormais pas la nuit. Je passais mon temps à ruminer. J'ai même envisagé le pire. Tout prenait des proportions démesurées. Un matin, j'ai retrouvé une vitre de ma voiture brisée. Je me suis effondrée en larmes pendant trois heures d'affilée non-stop.

J'ai pris les pires décisions de ma vie. J'ai postulé pour n'importe quel job. J'étais prête à accepter n'importe quel salaire tant que j'avais de quoi survivre. J'ai accepté n'importe quel client dans mon entreprise. J'étais prête à tout. Mon cerveau n'arrivait pas à se mettre en pause. J'étais tout le temps dans le stress. Même quand j'allais nager, je pensais à comment j'allais pouvoir payer les factures. Mes brasses étaient des tentatives d'éviter de me noyer, absolument pas des moments de plaisir. J'étais en mode survie. Je ne vivais plus. Tout ce que je tentais de faire pour "sauver" la situation se transformait en monstre plus gros que le précédent. J'allais d'échec en échec. Ma plus grande peur, celle de n'avoir aucun argent s'est manifestée. Je n'arrêtais pas de la nourrir avec mes pensées et c'est arrivé. J'étais stressée, endettée jusqu'au cou et fauchée comme les blés. Dans une merde ? Noooon !

N'aie pas peur

Vous devez comprendre que vos ancêtres, vos anges et vos guides vous aiment. Ils n'ont aucune envie de vous voir galérer pour quelques euros et vous voir bloquées et terrorisées par la peur de manquer, en particulier d'argent.

Si vous avez peur, vous ne pouvez pas faire ce pourquoi l'Univers a besoin de vous. Vous devez vous aimer encore et toujours. Si vous ne le faites pas pour vous, faites-le au moins pour honorer le sang qu'ils ont versé pour vous. Vous bénéficiez de leur travail, de leurs souffrances, de leurs sacrifices. Faites leur honneur. Ils le méritent autant que vous le méritez.

Vous devez comprendre qu'ils tenteront de vous placer sur ***votre*** chemin par tous les moyens possibles. Divorce, chômage, accident, maladie.... Ils veulent que vous sortiez de la matrice. Ils veulent que vous sortiez de la *rat race*. Ils veulent que votre lumière brille de mille feux.

Débarrassez-vous de la peur de manquer. Ce gouffre énergétique qu'il y a au fond de vous que vous tentez de combler par la nourriture, les achats compulsifs, le travail sans but ni sens ne fait que ré-énergiser et bâtir les fortunes de gens qui jouent sur vos peurs.

Aller chercher l'énergie dont vous avez besoin. La Terre, le Soleil sont des sources intarissables d'énergie. Intarissables. Méditez. Aimez-vous ! Aimez-vous ! Prenez soin de vous !

Comment en suis-je arrivée là ?

Lors d'une consultation avec une de mes coachées dans le cadre d'un life coaching, je lui ai demandé combien d'heures par semaine elle travaillait. Elle m'a répondu du tac au tac "je suis à quarante heures en moyenne".
Nous avons refait son emploi du temps au cours des trois derniers mois. Je lui faisais regarder son agenda droit dans les yeux. Elle travaillait en vérité soixante heures par semaine. Quand je lui ai fait calculer son temps de travail, elle a compris pourquoi elle était tout le temps fatiguée. Surtout, elle m'a demandé comment elle avait pu en arriver là.
Je lui ai dit " ***chérie, c'est simple, tu ne te fixes aucune limite, tu as peur que les gens te quittent n'est-ce pas ?*** ".

Les raisons sont simples : nous doutons de nous-mêmes tout le temps. On a peur. De tout, en permanence. Nous sommes convaincues en notre for intérieur que nous sommes faites pour donner, donner, donner et que recevoir en retour ferait de nous une mauvaise personne.

On ne veut pas recevoir, quoi que ce soit. On dépense, on dépense, on dépense, tout ce qu'on a. Notre temps, notre énergie, notre argent. On pense que c'est ça être quelqu'un de bien. Et que du coup, comme nous donnons, les gens autour de nous combleront le vide que nous ressentons en nous. Feront grandir l'arbre. On oublie qu'on n'a pas de racines. Nous donnons tout notre pouvoir aux autres, à ce qu'ils disent, font et pensent de nous.

En réalité, nous sommes terrorisées. A l'idée de ne plus donner, parce qu'on se dit que si on ne donne plus, si on est plus cette femme forte, celle sur qui tout le monde peut compter, alors plus personne ne voudra de nous. On ne se dit pas qu'en dehors du temps qu'on offre, de l'énergie qu'on donne, de l'amour, de l'argent qu'on donne, on n'a rien d'autre à apporter aux gens.

La plupart des femmes fortes que je connais ne comprennent pas que les gens viennent à elles pour tout autre chose que leur argent ou pour les solutions qu'elles peuvent apporter à leurs problèmes. Les gens aiment juste être à leur contact pour qui elles sont et le bonheur qu'elles leur procurent, juste en étant elles-mêmes.
Mais elles-mêmes ne ressentent pas ça. Souvent, elles n'ont jamais passé de temps seules à ne rien faire et ne se rendent pas que leur compagnie est agréable. Même en ne faisant rien.

Elles oublient qu'elles sont des créatures divines et que tout dans la nature a une utilité intrinsèque, indépendamment des fruits qu'elle donne. Un arbre est beau à voir et fait du bien, contribue à l'oxygénation de la planète juste en étant un arbre, peu importe les fruits qu'il nous permet de cueillir.

Les femmes fortes ne se voient que comme les fruits. Elles oublient qu'elles sont avant tout l'arbre.

Les cadeaux inattendus de l'Univers

J'étais avec une de mes coachées qui venait de perdre son job. Cela faisait dix ans qu'elle travaillait dans la même boite et on venait de la virer comme un poisson pourri après donc dix années de bons et loyaux services.

Elle était venue me voir pour un tout autre sujet, ses cheveux. A l'époque, je faisais encore du coaching beauté à Paris. J'avais un petit atelier où mes clientes venaient pour acheter leurs produits de beauté mais aussi et surtout pour que je leur fasse mon massage du cuir chevelu.

Cette coachée, je la voyais régulièrement car elle voulait avoir des longs cheveux et pour la première fois, je l'ai vue entrer chez moi avec un foulard sur la tête. J'ai tout de suite senti que quelque chose s'était passé.

Lorsque j'ai ouvert son foulard, j'ai vu un énorme trou au milieu de la tête. Ses cheveux étaient cassés et clairsemés.
Elle venait de vivre un choc émotionnel intense et ne se sentait plus du tout en sécurité. Elle m'a alors raconté ce qui venait de lui arriver. Elle s'est effondrée en larmes devant moi. Nous avons pris le temps de les laisser sortir et puis je lui ai dit ceci : " Mais doudou, pourquoi crains-tu autant de ne pas retrouver de travail, ça arrive à tout le monde de se faire virer, mais on rebondit ! ".

Au moment même où j'ai dit le mot rebondir, une vision m'est apparue. Je l'ai vue essayer de prendre appui sur des sables mouvants pour sauter. J'ai vu ses pieds s'enfoncer davantage dans le sol à mesure qu'elle essayait de sauter. A chaque effort qu'elle faisait pour rebondir, elle creusait en vérité sa tombe.

Je lui ai alors posé la question ; " Ma doudou, comment ça se passe avec tes parents, avec ta famille ? ". Car je savais intuitivement que son problème était là.

Elle m'a alors tout raconté. Sa mère en France arrivée dans les années quatre-vingt. Ne parlant pas un mot de Français. Son père reparti au pays épouser une femme à peine plus âgée qu'elle. Les galères avec l'administration. La honte à l'école. Les problèmes financiers. Tout est ressorti. Les menaces du bailleur. Les arrêtés d'expulsion. Toutes ces choses qui l'avaient terrorisées sont ressorties au moment où elle a perdu son emploi. Elle n'avait jamais eu conscience de son sentiment d'insécurité et de peur permanente qui était profondément inscrit en elle depuis son plus jeune âge.
Je lui ai dit : " Je comprends, tu as peur. Tu as peur de ne pas t'en sortir. De te retrouver à la rue. De ne pas avoir de quoi manger pour toi et tes enfants, comme ta maman, c'est ça ? ".

Elle a repris son souffle, s'est regardée dans le miroir et m'a ensuite regardée avant de me dire " je ne m'en étais jamais rendue compte mais oui, Clarisse, j'ai vraiment peur de ça, c'est vrai ".
Je lui ai alors dit cette chose que je dis à mes coachées depuis dix ans et que je vous dis aujourd'hui : " Tu sais quoi, la peur, ce ne sont que des pensées. Mais ça n'a rien de réel. C'est comme un nuage de fumée qui t'empêche de voir la vie telle qu'elle est. ***La peur, maintenant que tu sais qu'elle est là, tu vas la mettre dans ton sac et tu vas avancer avec elle***. Tu ne vas pas lui donner tout ce pouvoir sur toi. Le passé, c'est le passé, tu ne peux rien y faire, en revanche, aujourd'hui et demain, c'est toi qui décides de ce que tu en fais. Est-ce que tu avais vraiment envie de bosser dans ce job de toutes façons ? ".

Elle m'a alors avoué que ça faisait en fait deux ans qu'elle pensait à partir et qu'elle avait la rage qu'on ne lui offre pas de possibilités d'avancement de carrière. Qu'elle se tapait deux heures de transport par jour et qu'elle aurait préféré un job mieux payé, avec plus de responsabilités et plus proche de chez elle. On a commencé à nourrir cette vision ensemble.

Je lui ai dit " ben tu vois, c'est en fait une excellente chose qu'on t'ait licenciée, aurais-tu eu le courage de partir, tu avais peur de manquer ! ".

Porter le masque trop longtemps

J'ai appelé la section précédente les cadeaux inattendus de l'Univers parce que c'est vraiment ce dont il s'agit.
L'Univers conspire à ce que nous vivions heureux dans la joie et la paix, la créativité et l'amour à chaque moment de notre vie.

Lorsque l'on reste dans l'énergie de la peur, notre santé se dégrade. A force de toujours faire, d'être dans le stress en permanence, d'être dans la peur de manquer en permanence, nos centres énergétiques se bloquent et petit à petit, le chakra racine ne permet plus à l'énergie féminine de circuler librement en nous.
Après le chakra racine, l'utérus, le plexus solaire, le cœur, la gorge, le troisième œil, le chakra coronal. Plus rien ne fonctionne. Et là c'est le burn out. Si nous attendons trop longtemps encore, c'est l'AVC.
Je suis sûre que vous avez toute une maman, une tante de votre entourage qui a fait un AVC ou un AIT. Les hôpitaux sont remplis de femmes fortes qui deviennent handicapées à vie parce qu'elles ont porté ce masque beaucoup trop longtemps.
Mais il y a un espoir chère lectrice, et cet espoir est en chacune de nous. Il réside dans notre faculté à nous sortir de ces situations. A guérir de ce traumatisme. Cela prend du temps, mais on y arrive. Cela réside dans notre capacité à parler et à dire les choses telles qu'elles sont. A ne pas chercher d'excuses. A l'un, à l'autre, à soi. Elle réside dans notre capacité, surtout, à accepter d'être aimées pour celles que nous sommes, ni plus, ni moins.

Accepter nos besoins

Pour se libérer du masque de la femme forte, il faut d'abord accepter que l'on a des besoins et qu'ils méritent d'être comblés. Se libérer du masque de la femme forte demande également d'accepter que l'on a besoin des autres et de leur aide. Surtout, il faut apprendre à s'assurer que nos propres besoins sont comblés avant de répondre aux demandes des autres. Je sais que c'est très dur car dans la société dans laquelle on vit, on valorise le sacrifice. On considère que faire passer ses besoins avant ceux des autres est un acte égoïste qui devrait limite être puni par la loi.
Surtout, les femmes fortes sont élevées dans l'idée qu'elles doivent être le pilier de leur famille et que leurs besoins à elles n'ont aucune espèce d'importance. ***Leur besoin de repos, de beauté, d'harmonie, de sensualité sont vus comme superficiels et pas importants.***

Il vous suffit de jeter un coup d'œil sur YouTube une journée pour voir à quel point les femmes sont considérées comme matérialistes et vénales ou mêmes des prostituées quand elles assument leur désir d'une vie plus en phase avec les expressions naturelles de la féminité. Pire, on pourra même vous traiter de sorcière. Si nous avons envie d'être avec des hommes qui nous protègent et assurent les besoins matériels du foyer et de nos enfants, nous sommes matérialistes. Si nous aimons nous faire belles, nous sommes superficielles. Si nous aimons préparer des plats succulents, nous devons le faire pour les hommes, pour notre famille, mais pas juste pour nous. Si nous gagnons de l'argent, c'est accepté uniquement si nous avons des enfants à nourrir, sinon, nous sommes carriéristes.

Pourtant, s'assurer que sa calebasse est pleine, c'est à dire que nos besoins sont comblés. Que nous avons suffisamment d'énergie avant d'en donner aux autres. ***S'assurer que notre coupe déborde de fruits avant de les partager, c'est l'acte le plus profond, généreux et altruiste que vous puissiez faire pour les autres***.
J'aimerais vous introduire à travers ce livre à une nouvelle forme d'égoïsme, c'est l'égoïsme altruiste.

Pour pouvoir donner de l'attention, du temps, de l'argent ou toute autre variation de votre énergie vitale à quelqu'un, assurez-vous d'abord que vos besoins à vous sont comblés.

Lorsque par exemple, on sollicite votre temps pour rendre service à quelqu'un, avant de dire oui, dites " je dois regarder dans mon agenda avant de te faire une réponse " et en rentrant chez vous, demandez-vous " est-ce la meilleure utilisation possible de mon énergie ? Mes besoins seront ils comblés en dépensant mon énergie de cette manière ? ".
C'est un peu plus simple avec l'argent. Lorsqu'on vous demande de l'argent, dites " je dois regarder mon budget, si j'ai une ouverture, je te donnerai l'argent, sinon, il faudra trouver une autre solution ".
Une fois de retour chez vous, face à votre tableur Excel, vous pourrez vous demander " est-ce la meilleure utilisation possible de mon énergie ? Du fruit de mon travail ? Comment donner cet argent comblera un de mes besoins ? ".
Vous vous rendrez souvent compte que cela ne comble aucun de vos besoins de donner cet argent à cette personne.

Souvent, le problème qui se pose, c'est que vous avez nié vos besoins pendant tellement d'années que vous ne les connaissez plus. Dans mon école en ligne, j'ai conçu un programme spécialement pour les femmes fortes et tout un module est consacré à comprendre davantage ses besoins du moment. Qu'est-ce qui vous donne de l'énergie ma chère ? Qu'est-ce qui vous met en joie ? Qu'est-ce qui vous fait vous sentir bien ?

Les besoins découlent de nos valeurs, de nos croyances. De ce que l'on croit vrai. Si par exemple, une de vos valeurs fortes est la générosité ou l'altruisme, vous serez alors complètement alignée avec le fait de donner de l'argent à quelqu'un. Lorsque vous posez cet acte, vous vous sentez bien. Vous gagnez en énergie car vos besoins de rendre le monde plus généreux et altruiste sont comblés. Peu importe que la personne vous donne quelque chose en retour ou non, votre besoin est comblé parce que vous croyez en l'altruisme et en la générosité.

Pour d'autres qui placent d'autres valeurs en premier de leur liste, la générosité ou l'altruisme ne sont pas aussi importants dans leur vie et il n'y a aucun problème à cela. Elles placent peut-être la créativité en haut de leur liste et force est de constater que faire un mandat western union à quelqu'un est loin de nourrir ce besoin de créativité dans leur vie.

Si la personne se force à donner, elle n'est pas alignée avec ce qu'elle croit. Elle pose un acte qui ne va pas dans le sens de ses valeurs. Parfois même qui va à l'encontre de celles-ci. Elle donne mais son besoin n'est pas comblé en retour. Ni par le bénéficiaire de son don, ni par l'Univers. C'est même le contraire qui se produit. Elle se vide encore plus de son énergie et " attrape " au passage des émotions négatives. Une des émotions responsables des pertes d'énergie de la femme forte, c'est la culpabilité.

Lorsqu'elle ose dire non, elle se sent coupable. Lorsqu'elle ne dit pas non, elle se sent coupable de ne pas avoir été suffisamment courageuse pour dire ce qu'elle avait au fond d'elle. Elle se sent faible, s'autoflagelle et vient encore conforter l'idée et les croyances selon lesquelles elle est nulle, elle ne vaut rien et est indigne de voir ses besoins comblés.

C'est la double peine. Un limbo duquel il faut du courage et de la détermination pour se sortir. Du courage pour faire quoi me direz-vous ? Eh bien, du courage pour sortir de la volonté de contrôle et enfin s'autoriser à se débarrasser de ce masque de la femme forte qui est devenu bien trop lourd à porter.

Se libérer de la culpabilité

Lorsque je suis en coaching avec mes Clevagirls, je me rends bien compte qu'une des émotions qui les vide de leur énergie, c'est la culpabilité. La culpabilité, c'est lorsque l'on a le sentiment d'avoir transgressé une valeur morale. On ressent de la culpabilité quand on se dit des phrases du type " une bonne fille ceci, une bonne épouse cela, une sœur doit faire ceci ou cela, c'est mon rôle de faire cela... ".

Bien souvent, lorsque la femme forte se sent coupable, c'est parce qu'elle est convaincue qu'il est de sa responsabilité de combler les besoins des autres. Elle a vu sa mère faire. Pour elle c'est normal. C'est d'autant plus normal pour elle qu'elle a été valorisée pour ces "qualités". Elle a été valorisée comme la personne sur laquelle on pouvait toujours compter. Quand elle était plus jeune, cela la rendait spéciale auprès des autres d'être considérée comme la plus mûre, la plus mature. Elle se sentait valorisée dans ce rôle, et c'est d'ailleurs pour cela qu'il est difficile de s'en défaire. Qu'elle se sent d'autant plus coupable de transgresser *la règle qui veut qu'elle doive toujours être là pour les autres avant d'être là pour elle-même.*

Pour se libérer de la culpabilité, il est important de réaliser ceci : ***chaque être humain, à part les enfants, est responsable de combler ses propres besoins***. Il n'est en aucun cas de votre devoir de combler les besoins émotionnels, financiers, matériels de qui que ce soit, encore moins de le faire au détriment des vôtres. Quand vous êtes assaillie par la culpabilité de ne pas être suffisamment présente pour quelqu'un, rappelez-vous ceci : " Cette personne est responsable de combler ses besoins, ce n'est pas ma responsabilité ".

Une chose assez magique se produit au moment où vous vous libérez de la culpabilité. Les gens autour de vous trouvent les ressources en eux ou ailleurs pour trouver des solutions à leurs problèmes. Vous vous sentez mieux et avez plus d'énergie. Vous êtes plus souriante et plus lumineuse. Vous avez plus de temps pour vous occuper de vous et cela se ressent dans tous les domaines de votre vie. Vous vous sentez beaucoup plus légère et libérée d'un poids beaucoup trop lourd à porter.

L'ombre de la femme forte

Lorsque l'on continue à porter le masque de la femme forte et à nier la responsabilité des uns et des autres dans leur propre vie, on peut arriver à nourrir des relations particulièrement toxiques avec les membres de notre entourage.

J'appelle cela ***le syndrome de la sauveuse***. La sauveuse est celle qui veut sauver le monde, celle qui veut sauver son entourage, sauver ses clients, sauver tout le monde, en oubliant de se sauver elle-même.
Cette transformation n'est pas facile. Vous savez, vous êtes en train de tuer une ancienne version de vous et vous allez passer par toutes les étapes du deuil. La première étape, c'est le déni.

Combien d'années allez-vous encore rester dans le déni de votre souffrance et de votre colère ? Sérieusement ? Quand allez-vous enfin vous autoriser à crier votre douleur et à dire à quel point tout cela est injuste ? A quel point vous en voulez à la terre entière ? Si vous n'acceptez pas que vous avez mal, si vous retenez cela en vous encore, vous allez finir avec un AVC dans le meilleur des cas, un cancer multirécidiviste et métastasé dans le pire des cas.

Mes chères, ***arrêtez de placer ces gens qui vous ont fait du mal sur un piédestal.*** Arrêtez de leur accorder autant d'importance. A votre ex, votre boss, votre "meilleure amie", votre mère, votre père. Ces gens-là vous ont fait souffrir et ils doivent le savoir. Arrêtez de faire semblant de continuer à les fréquenter alors qu'il vous est insupportable d'être en leur présence et de vous entendre dire encore que "la fille d'untel, elle au moins, elle honore ses parents !" Non, basta. Reconnaissez que ça vous fait mal et dites-le !

Acceptez votre part de faiblesse, accepter que vous avez besoin d'aide. Acceptez que vous ne pouvez pas tout faire. Acceptez que vous êtes fatiguée. Acceptez que vous n'avez pas envie. Acceptez que ça vous fait mal. Acceptez que vous avez peur.

Je vous assure que ça libère !

L'exercice de l'arbre

Ce qui est génial avec mon métier, c'est que j'attire toujours à moi des clients qui vivent des choses que j'ai vécues et pour lesquelles j'ai déjà trouvé des solutions. C'était le cas d'une de mes coachées qui traversait un divorce horrible. En de nombreux points similaires au mien.

La première chose que j'ai faite avec elle, c'est de lui faire comprendre qu'il était temps pour elle de se créer de nouvelles racines. Que celles qu'elles croyaient avoir n'étaient plus là. Que le peu qu'il en restait était nécrosé. Pourri. Que chaque traumatisme et blessure qu'elle avait subis pendant son divorce et bien avant les avaient arrachées et abimées. L'émigration de ses parents, la faillite de son père qui a déstabilisé les finances du foyer, les tromperies de son mari, le rejet de sa famille en Afrique et son burn out qui la mettait en situation de fragilité au travail. Tout cela l'avait déracinée.

Je lui ai donc fait faire l'exercice suivant : c'est l'exercice de l'arbre. Il est important de le faire tous les matins au réveil pendant vingt-et-un jours si vous sentez vous aussi que vous avez la peur de manquer ou si vous vous sentez bloquée dans votre vie. Peu importe le blocage car en réalité tout part de là. vingt-et-un jours, c'est le minimum pour que cela devienne une habitude. Je peux vous assurer que lorsque vous faites cet exercice tous les matins au réveil, vous n'avez plus jamais peur de manquer de rien dans votre vie. Les opportunités, les hommes, l'argent, tout se transforme et bien évidemment pour le meilleur.

Au réveil, lorsque vous êtes encore dans votre lit, prenez le temps de fermer les yeux et de prendre trois grandes inspirations. Visualisez-vous alors comme un arbre et imaginez des racines partir de la plante de vos pieds et aller s'enfoncer profondément dans le sol. Traverser la croûte terrestre, les océans et aller toucher le centre de la terre.
Si vous souffrez d'alopécie, je vous recommande de faire également cet exercice le soir en même temps que votre massage du cuir chevelu.

A mesure que vous vous laissez aller à la détente et à la relaxation, sentez l'énergie remonter le long de ces racines en chemin inverse. Traverser la plante de vos pieds et remonter progressivement le long de vos jambes, de votre ventre, de votre poitrine, le cou, la tête.

Laissez l'énergie circuler librement en vous, comme des pluies d'étoiles qui vous traversent.

A mesure que vous faites cet exercice vous rééquilibrez votre chakra racine. Vous vous ancrez davantage dans le moment présent. Vous retrouvez vos racines et votre sentiment de sécurité.

Faire l'arbre en public

Lorsque j'ai envie de me rappeler à quel point je suis une personne formidable et utile à l'Univers, que je suis un arbre et que je n'ai besoin de ne rien faire, rien donner de plus que ce que la nature a fait de moi, je vais m'asseoir sur un banc au bord de la rivière en bas de chez moi et je ferme les yeux.
Je dis à Dieu " bon, je suis disposée maintenant à servir l'Univers, j'attends ". Je prends une grande respiration et comme par magie, tous les vieux du quartier débarquent pour me faire la conversation. On parle de tout et de rien et souvent les gens me parlent de la solitude qui les pèse. Je leur dis " mais vous ne n'êtes pourtant pas de mauvaise compagnie ? Pourquoi ne supportez-vous pas d'être en compagnie de vous-même ? ". La plupart du temps, les personnes repartent avec le sourire et envisagent leur " solitude " de manière diamétralement opposée.
A chaque fois que je fais cela, que je vais m'asseoir sur le banc au bord de la rivière, je me rends compte à quel point je suis utile et nécessaire sans faire aucun effort. Sans forcer. Sans être autre chose que moi-même.

"Je suis en sécurité, aimée, guidée et protégée"

Je vous invite également à répéter mentalement les affirmations suivantes. Vous pouvez le faire pendant l'exercice de l'arbre mais vous pouvez aussi le faire sous la douche le matin ou le soir juste avant de vous endormir. Vous pouvez aussi le dire à chaque fois que vous faites quelque chose qui vous semble risqué ou dangereux.
“ Je suis en sécurité, aimée, guidée et protégée. ”

Par exemple lorsque vous prenez votre voiture, lorsque vous prenez l'avion. Lorsque vous devez faire une grande dépense. Ou même une petite (vous arrive-t-il d'être terrifiée que votre carte bleue ne passe pas dans un magasin au moment de faire un achat ?).

Les Ouin-ouins

Avant que je ne passe à la suite, je tiens à vous dire ceci. Je sais que certaines d'entre vous liront ces exercices et les appliqueront tout de suite, certaines d'entre vous prendront un peu plus de temps, d'autres enfin ne les appliqueront jamais.

Cette dernière catégorie, je les appelle les Ouin-ouins. Les Ouin-ouins sont des personnes nuisibles au plus haut point. Ce sont les personnes qui se plaignent tout le temps et qui restent bloquées au stade du traumatisme. " Elles ont beaucoup souffert ; oooh la vie est dure ; qu'est-ce qu'on peut y faire ; c'est comme ça, c'est la vie ; oh les Blancs sont racistes ... Ouin, ouin, ouin ".

Ces personnes ne changeront jamais et il faut l'accepter. Au même titre que vous avez pris la décision ferme de faire de votre vie une joie et une fête, les Ouin-ouins ont fait le choix ferme et définitif de rester dans la merde et de voir la vie comme un drame. Comme quelque chose de dur et de difficile. Vous n'y pouvez rien, c'est leur choix.
Comme vous êtes une personne gentille et aimante, vous allez avoir envie de changer les Ouin-Ouins. Ça ne sert à rien. La seule chose

que cela va produire, c'est de tirer votre niveau d'énergie vers le bas.
Les Ouin-ouins sont comme des cafards ou des punaises de lit. Ils sont venus se poser sur vous un jour au stade de larves et en un claquement de doigts, sans que vous n'y ayez fait attention, ils ont colonisé toute votre maison.

C'est exactement la même chose que font les Ouin-ouins avec leurs sempiternelles complaintes et leurs remarques faussement gentilles. " Qu'est-ce que t'es belle, pour une Noire ". Ça c'est un Ouin-ouin. Ce sont des cafards de la pire espèce et des parasites qui viennent vous sucer votre énergie jusqu'à la moelle. Certains les appellent des vampires énergétiques. Je n'aime pas utiliser cette expression car, lorsque l'on s'imagine un vampire, on se représente une personne avec des dents de Dracula et un visage sombre.

La plupart du temps, les Ouin-ouins ont l'air bien sous tous rapports, sont toujours entourés de tout un tas de personnes avec qui ils passent leur temps à se plaindre. Ils sont souvent très souriants, propres sur eux et vous ne pourriez pas vous douter qu'il s'agit d'un ou d'une Ouin-ouin.

Ne laissez pas les Ouin-ouins coloniser votre espace physique, mental et encore moins coloniser votre aura, votre espace énergétique. Lorsqu'un Ouin-ouin s'approche, vous le sentez. Laissez-le parler et dites une phrase du genre : " Ah, c'est intéressant ce que tu dis ". Fin. Ça rentre dans une oreille, ça sort de l'autre.

J'aimerais vous dire que vous ne rencontrerez plus jamais de Ouin-ouins dans votre vie, mais c'est faux. Malgré tous les efforts que vous pourrez faire pour nettoyer vos relations, les Ouin-ouins sont partout. Au travail, à la boulangerie. Ce sont peut-être vos clients.

On ne peut rien y faire. La seule chose qui nous sauve de cette vermine, c'est former un tel halo énergétique autour de nous que peu importe ce qu'ils font, disent, on reste complètement insensible à leur état d'âme.

Les Ouin-ouins se nourrissent de vos réactions et de vos émotions. Ne les laissez pas vous déstabiliser et soyez purement dans l'observation de leur jeu débile dans lequel ils s'embourbent quand vous ne leur accordez plus aucun crédit.

Quand un Ouin-ouin commence à déblatérer ces âneries sur le fait que " oh la vie est dure ", dites " hum, hum " et, dans votre tête, dites cette phrase que j'ai piquée à ma fille : " je m'en fiche complètement ".

Sachez qu'à mesure que vous développerez votre niveau d'énergie et votre fréquence vibratoire, à mesure que vous grandirez, à mesure que vous serez heureuse et vivrez la vie dont vous avez rêvé ces personnes passeront du stade de simple Ouin-ouins à celui d'ennemis cachés puis d'ennemis déclarés.

C'est normal. Vous leur devenez insupportable. C'est insupportable de voir quelqu'un qui, par sa vie, leur prouve tous les jours que l'histoire qu'ils sont en train de se raconter pour ne pas se transformer est un énorme mensonge.

C'est insupportable pour eux de voir que les excuses qu'ils sont en train de se trouver pour ne pas changer sont des mythos gros comme un éléphant. Alors plutôt que de se regarder dans le miroir, de prendre la responsabilité de leur vie et de vous demander " mais comment tu fais ? ", ils vont vous détester et vous haïr.

Ils vont être capables de regarder votre profil Facebook ou Instagram à la recherche du moindre signe que vous n'allez pas bien et que vous êtes comme eux.
Tout cela pour pouvoir dire autour d'eux et surtout à eux-mêmes " tu vois, elle fait genre, mais tout ça c'est de la façade ". Ils ont décidé de ne pas croire au bonheur. Mais vous vous savez qui vous êtes. Vous savez que c'est faux, parce que vous n'êtes pas une Ouin-ouin.

Les Ouin-ouins sont capables du pire à votre encontre et sachez-le. J'ai vu certains Ouin-ouins dénoncer leurs ex-maris aux impôts alors qu'ils ont eux-mêmes bénéficié de ladite fraude fiscale. J'ai moi-même eu affaire à une Ouin-ouin tenace qui m'a collé un procès aux prudhommes. Je n'aurais jamais dû la laisser coloniser mon espace. Dès qu'elle est arrivée dans ma vie, elle a commencé à se plaindre ; " ouin, ouin, ouiiiin ".

Si vous vous rendez compte que vous avez beaucoup de Ouin-ouins dans votre vie, pardonnez-vous et soyez sans compromission avec votre énergie. Je me suis pardonnée depuis d'avoir laissé une punaise de lit coloniser ma maison et mon entreprise. Certaines d'entre vous ne se le pardonnent jamais. C'est dommage. Vous continuez à nourrir les Ouin-ouins. Ça ne sert à rien. Prenez cette expérience comme un cadeau et une leçon. Promettez-vous d'être vigilante désormais et de ne plus laisser un Ouin-ouin vous pourrir la vie. La facture peut être très chère à payer croyez-moi.

Si vous êtes un Ouin-ouin, vous avez certainement déjà arrêté de lire ce livre et vous allez certainement aller parler de moi sur les internets pour dire que je suis une imbécile, une folle et que je raconte n'importe quoi. Que je ne suis même pas une coach diplômée ; " ouin, ouin, ouin ". Que je fais de la sorcellerie. Je vous dis merci d'avance, vous allez faire augmenter les ventes de mon livre et de toute mon entreprise.

Là où ça commence à être drôle, et ça je vous l'apprends dans mon programme Woke©, c'est quand vous savez vous servir de leur énergie pour la transmuter et l'utiliser à votre avantage. Mais là n'est pas encore le propos. Pour l'instant, concentrons-nous sur votre guérison.

Paie-toi en premier

Ce qui est terrible avec la femme forte, c'est qu'elle est une professionnelle aguerrie dans le domaine qu'elle choisit d'investir. Seulement, elle a tellement peur d'exprimer ses besoins que parfois elle peut se retrouver dans des problèmes financiers incommensurables. Cela a été mon cas il y a quelques années. Je ne parvenais pas à me faire payer.

Il y a de cela quelques temps, j'ai reçu un message d'une de mes clientes qui participe à mon programme Abundance Now©.
Elle me dit : " Clarisse, je ne comprends pas ce qui bloque, j'ai un gros client qui me balade depuis six mois et qui ne me paie pas ce qu'il me doit, qu'est-ce qui se passe ? ".

J'ai alors décidé de rajouter un cours complet sur la gestion financière dans mon école, tellement ce problème est récurrent chez les femmes que je rencontre.

J'ai moi aussi eu à souffrir de clients qui ne payaient pas. D'une part, qui ne payaient pas en temps et en heure. De l'autre, qui ne payaient pas tout court.

Je vais vous révéler cinq règles d'or que j'ai dû appliquer lorsque j'ai commencé mon activité de coach business en 2016, règles d'or que je vous invite à appliquer dès aujourd'hui pour ne pas vous retrouver à la rue. Ces conseils sont valables dans tous types de relation. Avec des clients, partenaires, amis ou membres de la famille. ***Vous devez impérativement SHIFTER votre énergie et basculer dans votre énergie féminine. Celle qui reçoit, pas celle qui donne, encore et toujours...***

Augmentez vos standards

Quand je dis que vous devez augmenter vos standards, je parle même de les créer pour certaines d'entre vous. Ne blaguez pas avec votre argent, c'est votre énergie, il vous appartient. Ainsi, définissez clairement et ce pour toutes vos relations :

a. A quel moment vous démarrez une prestation/ apportez de l'aide.
b. Si votre aide est gratuite ou payante.
c. Quels délais de paiement vous accordez.
d. Ce que vous attendez en retour.

J'ai vu une interview d'un de mes gourous du marketing préféré, Seth Godin, qui dit ceci : *it's free or it's full price but there's no way in between.*
Je fais payer le vrai prix ou c'est gratuit, mais je ne fais rien entre les deux.
C'est tellement vrai et tellement puissant. Si vous vous dites que soit vous faites payer le vrai prix soit vous faites les choses gratuitement, vous réduisez 99% de vos ennuis en matière d'argent.

Appliquez la règle du go/ no-go et respectez-la

Le *go / no-go* c'est simple.
J'ai l'argent et l'accord écrit de la personne = *GO*
Je n'ai pas l'argent et pas d'accord écrit de la personne = *NO-GO*
Cela veut dire par exemple que si vous prévoyez un paiement en

trois fois pour un service, vous devez prévoir trois étapes et trois lots à livrer.
Cela veut aussi dire que vous devez éviter de rentrer dans des relations d'argent avec vos amis car, j'en suis sûre, vous aurez du mal à signer une reconnaissance de dettes ou à la faire signer à un ami. Apprenez à dire non poliment sans culpabiliser.

Si vous êtes freelance dans la création d'un site internet, voici un exemple de la manière d'appliquer cette règle :

1. Acompte, on démarre le travail.
2. Livraison de la partie e-commerce, on valide le second paiement.
3. Livraison de la partie blog, on valide le troisième paiement.

Vous devez vraiment comprendre que ***votre client n'a pas à vous faire porter l'intégralité du risque. Il doit prendre le risque financier à sa charge.*** C'est son entreprise et son investissement. Vous ne pouvez et devez pas investir dans son entreprise plus que lui-même ! Idem avec les membres de votre famille et vos amis. Vous n'avez pas à porter les risques des décisions qu'ils ont pris pour leur vie.

Communiquez sur vos règles et restez INFLEXIBLES dessus

Je prends souvent l'exemple d'Aretha Franklin qui demandait à être payée en intégralité et en cash avant de monter sur scène. C'étaient SES règles et chaque promoteur qui la faisait tourner les connaissait. Quand vous connaissez la valeur de ce que vous apportez, les problèmes d'argent des gens vous vous en foutez. Ce n'est pas votre problème.

Ne mettez pas tous vos œufs dans le même panier

Pour être détendue par rapport à l'argent, rien de pire que de mettre tous ses œufs dans le même panier. Prospectez si vous faites du *business to business* et si vous faites du *business to customer*, faites une action de promotion pour augmenter votre portefeuille. Si vous êtes salariées, créez-vous un job à côté et augmentez vos sources de revenus. Cela peut être un livre, un cours en ligne ou même un service de conciergerie ou de nounou à domicile. C'est important. Avec les poches bien remplies vous pourrez vous détendre et passer à l'étape d'après.

Sortez les crocs

Il faut absolument que vous *shiftiez* votre énergie et que vous sortiez la Kali en vous. On ne blague pas avec une déesse. Quand elle est fâchée, on obéit. Vous n'êtes pas une victime. Vous n'avez pas à être gentille pour être aimée. Et d'ailleurs, vous ne voulez pas être aimée là, ce que vous voulez, c'est votre argent.

J'ai donné ces conseils à ma cliente qui m'a dit ceci :
" Clarisse, je lui ai envoyé un mail en lui disant que j'allais débarquer dans son bureau. Alors qu'il ne me répondait pas depuis six mois, il m'a fait une promesse de virement dans les prochains jours. Incroyable ! ".

Ce n'est pas une bonne nouvelle ça ?
Vous méritez de vivre dans l'abondance matérielle, les blés sont mûrs, récoltez !

Burn out

J'ai fait un burn out et je dois avouer que même prononcer ces mots a été difficile pendant un long moment. Le déni. Le déni, le vrai déni.

Je plaçais tellement ma valeur dans ma force de travail qu'avouer que je ne pouvais plus travailler comme avant, que mes capacités physiques et intellectuelles étaient diminuées me faisait terriblement peur et terriblement souffrir.

Car oui, j'ai été élevée dans l'idée que tant que je pourrais travailler, je n'aurais aucun problème dans la vie. Que tant que mes capacités physiques et surtout intellectuelles étaient préservées, je n'avais rien à craindre. Que je pourrais toujours subvenir à mes besoins. Que je pourrais toujours nourrir mes enfants. Que je pourrais survivre.

Accepter mon burn out et la limite que m'imposait désormais mon corps, c'était accepter de quitter ce sentiment d'urgence permanent. Accepter de ne plus survivre, être aux aguets. Accepter de ne plus vouloir tout contrôler. Accepter mon burn out et dire que j'étais en dépression suite à un épuisement professionnel, c'était accepter que je n'étais plus maîtresse de ma vie. Accepter mon burn out, c'était accepter, non seulement intellectuellement, mais aussi dans ma chair, de lâcher prise et de *croire*, de ***croire vraiment***. Que j'étais une créature divine. Que Dieu se chargerait de tout, qu'il a pourvu, qu'il pourvoit et qu'il pourvoira en tout temps. Accepter mon burn out c'était un acte de foi.

Accepter mon burn out, c'était accepter de déconstruire tout ce qu'on m'avait appris. Sur ce que doit faire une femme pour ne dépendre de personne et ne pas se retrouver dans la merde. Sur ce que doit faire une femme noire pour ne pas se retrouver dans la merde. C'était accepter de remettre le travail à sa juste place et lâcher prise. Au risque de ne plus rien posséder. Au risque de n'être plus personne.

Accepter mon burn out et y mettre les mots justes, en français et non dans la langue de Shakespeare, accepter que j'étais en dépression, que mon cerveau était en dépressurisation, en chute, fut le plus grand pas vers ma nouvelle vie.

Une vie plus sereine, une vie où ma spiritualité prend toute sa place. Une vie où mon corps et les signaux qu'il m'envoie sont écoutés. Une vie où je reprends avec humilité ma place d'être humain avec ses limites physiques. ***Une vie où je sais dire non car je connais véritablement la valeur du oui. Une vie et non une survie.*** Une vie ancrée et non de surface. Une vie où je suis ici, ni hier, ni demain. Une vie où je suis en paix, enfin.

Accepter son burn out, c'est comprendre que même si notre intelligence intellectuelle semble diminuée, elle laisse la place à une intelligence plus subtile, celle du corps et de l'esprit.

Le burn out n'est pas facile à surmonter. Sortir de l'isolement, de la culpabilité demande des efforts. Il n'est pas question d'en faire plus et de passer pour plus forte que vous ne l'êtes, mais de reconnaître que vous avez besoin d'aide, et de la demander. Demandez à vos guides de vous aider à voir ce que vous n'arrivez pas à voir et à vous donner une dose d'énergie supplémentaire.

Quand ça devient trop compliqué, ***prenez le temps de chercher une solution plus simple et demandez-vous réellement "Comment cela pourrait-il être plus simple".*** Les choses n'ont pas besoin d'être folles à la maison, ni au travail.

C'est en partant de cette phrase que j'ai organisé ma vie pour limiter le stress inutile et pouvoir me focaliser sur mon bien-être et celui des miens.

Deadline : la ligne de la mort

Observez cette manière bien occidentale de considérer le temps. Nous passons nos vies à " subir" le temps, à aller d'une ÉCHÉANCE, d'une DEADLINE à une autre.

Echéance : du verbe échoir qui veut dire " arriver à son terme ".

DEADLINE, de l'anglais qui signifie la ligne de la mort.

En utilisant ce vocabulaire, nous créons dans notre corps et dans notre esprit le signal que cette chose que nous avons à faire est une question de vie ou de mort.

C'est la principale source de stress de nos vies modernes. Notre corps est en mode survie en permanence. Nous lui envoyons le signal que nous allons à l'échafaud tous les jours. Le corps et son intelligence subtile déploient tout un tas de mécanismes pour survivre.

Notre cerveau se met en branle pour trouver une échappatoire. Nos idées sont embrouillées. On ne sait même plus qui on est ni ce qu'on veut.

Nos hormones se mettent en branle pour protéger notre peau, nous faire faire des réserves d'eau, de graisse pour traverser cette épreuve, l'épreuve de la mort qui en fait n'en est pas une. SAUVER SA

PEAU, SAUVE QUI PEUT.

" *Les Noirs sont toujours en retard, les Arabes travaillent mal et les Chinois sont des très grands bosseurs* ".

Lorsque j'ai le sentiment d'être en retard sur ma vie, j'aime regarder une vidéo de la chanteuse Erykah Badu faisant la rencontre du peuple Bamiléké dont elle est originaire. Elle est accueillie par un papi qui lui dit que les Occidentaux " sont bons avec le temps, nous on arrive toujours en retard ". (La vidéo est facile à trouver sur YouTube, chercher *Erykah Badu ancestors*).

Ce n'est pas que les Africains sont génétiquement programmés pour être en retard, c'est qu'***ils refusent de fixer eux-mêmes l'heure et le jour de leur mort. Ils refusent de se fixer des DEADLINES et des ÉCHÉANCES***. Nous savons que les choses arrivent quand elles doivent arriver.

L'intention

Maintenant, voyez comment, quand vous avez envie de faire quelque chose, l'Univers concourt à ce que vous soyez toujours à l'heure. Vous partez de chez vous dix minutes avant le rendez-vous en ayant plus d'une heure de trajet en vous disant, flûte, je vais peut-être arriver en retard. Puis, comme par magie, vous recevez un texto de votre rendez-vous vous disant qu'il ou elle aura une heure de " retard ". La magie a opéré. V***ous avez créé votre réalité avec intention***. Vous aviez peut-être déjà vu ce rendez-vous et son déroulé dans votre tête et tout s'est déroulé exactement comme vous l'aviez imaginé.

Regardez comment quand vous n'avez pas envie de faire quelque chose mais que vous essayez de vous convaincre que vous devez le faire parce que " c'est ça être un bon professionnel, c'est ça être une bonne épouse, c'est ça être une bonne mère ", l'Univers vous allégera la tâche en vous mettant des bâtons dans les roues jusqu'à ce que vous compreniez que vous n'êtes pas obligée de faire quelque chose dont vous n'avez pas envie. On ne s'aligne jamais aux sentiments de peur, de culpabilité, d'envie de jalousie. C'est la magie de la vie.

" *Plus on résiste, plus les choses persistent.* "

Notre temps nous appartient, et c'est pour cette raison qu'il est important pour moi de vous apprendre à placer une intention derrière la majorité des actions que vous entreprenez dans votre vie. A ce que celle-ci soit alignée avec vos désirs, les plus profonds. A ce que vous soyez Zen & Organisée©. Un alignement parfait entre vos actions, vos désirs et vos pensées.

A qui fais-tu confiance ?

T'est-il arrivé de t'empêcher de faire quelque chose parce que tu avais peur de ne pas paraître comme quelqu'un digne de confiance ?

De t'empêcher de suivre ton instinct de peur de ne pas être quelqu'un de fiable.

Cela m'est arrivé tellement de fois. Le pire est que je faisais une confiance aveugle aux gens sans même m'assurer qu'ils étaient eux-mêmes dignes de confiance.

Avoir peur de ne pas être digne de confiance, c'est une calamité sans nom ! Tu sais pourquoi ? (Je te préviens, à partir de maintenant, je te tutoie de temps en temps, parce que bon, c'est comme si on se connaissait,
non ?). Parce que cela te place dans le doute, ce trou énergétique, cette fosse commune dans laquelle les meilleures versions des gens sont enterrées chaque jour sans aucune sépulture.

Avoir peur de ne pas être digne de confiance peut te forcer à faire des choses que ta petite voix te dit de ne pas faire ou de ne plus faire. Je vais te donner un exemple.

J'ai souvent eu peur de partager avec vous toutes les idées qui me viennent en tête sur mes futurs projets car si l'un ou l'autre ne vient pas à terme, il faudra que je vous explique le pourquoi du comment. Pendant longtemps j'ai trouvé cet exercice trop inconfortable.

Aujourd'hui ***je m'autorise à douter*** et j'ai suffisamment confiance dans la relation que l'on a établi pour vous en faire part. Je sais que ce n'est pas sur mes doutes que vous jugez de la qualité de notre relation mais sur mon authenticité et l'impact de l'énergie que je vous transmets sur votre vie.

Seulement voilà, cela fait dix ans que je fais ce métier et certaines d'entre vous me suivent depuis le premier jour. C'est facile pour moi maintenant. J'aurais en revanche beaucoup plus de difficultés à être aussi authentique et faire part de mes doutes dans une nouvelle relation de couple, une nouvelle amitié, dans un nouveau poste, dans une nouvelle aventure entrepreneuriale. Je m'assurerais que la confiance est bien établie pour le faire.

Voici quelques règles pour devenir quelqu'un digne de confiance

Se faire confiance

Comment veux-tu que les autres te fassent confiance si tu n'as toi-même pas confiance dans ce que tu fais, en qui tu es ? ***La confiance en soi est un muscle qui se travaille au quotidien*** grâce à une méthode que je t'enseigne dans Zen & Organisée©. C'est la méthode des 10%. Je t'apprendrai à l'appliquer dans n'importe quelle chose que tu souhaites améliorer dans ta vie. Elle part du principe que si l'on n'a pas confiance en soi, c'est parce qu'on se donne des projets trop gros à réaliser et que surtout, on a peur de l'échec et du rejet. Diviser ses projets en étapes de 10% et dépasser sa peur du rejet en nous y confrontant tous les jours permet de développer notre confiance en nous. ***Ton muscle de la confiance en soi est atrophié. Il ne tient qu'à toi de lui redonner de la force et de la vigueur***.

Définis clairement ta manière de prendre des décisions

Es-tu plutôt chiffres, travailles-tu plutôt à l'instinct, te faut-il les deux ? Qu'est-ce qui t'aide à savoir que la décision que tu prends est la bonne ? Nous travaillerons cela ensemble dans Zen & Organisée©.

En fonction de ton mode de prise de décision, tu sauras si tu es dans les conditions qui t'arrangent pour faire un choix éclairé.

Si par exemple tu as besoin de chiffres pour prendre une décision financière, prends le temps de faire tes calculs sur Excel et ne cherche pas à travailler à l'instinct. ***Ce n'est pas ta zone de génie.*** *Ne te force pas à faire comme tout le monde et à suivre les dernières méthodes à la mode, fais ce qui te convient à TOI.*

Fais ce que tu dis et dis ce que tu fais

Dans quelle phase de ton processus de décision tu te situes ? Es-tu en phase de réflexion ou ta décision est prise ?

Il n'y a rien de pire dans un couple ou dans une entreprise que quelqu'un qui te fait croire qu'il est encore en train de réfléchir alors que sa décision est déjà prise. Idem, sois claire avec tes clients comme je le suis avec toi et exprime à tes interlocuteurs dans quelle phase de ta prise de décision tu te situes.

Je réfléchis en ce moment à l'idée de...

Je travaille sur un projet de...

Je suis en train de finaliser la décision de...

Lorsque tu communiques ainsi autour de toi et que tu valides que ton interlocuteur a bien saisi dans quelle phase tu te situes, il n'y a aucune raison qu'il ne te fasse pas confiance.

Ne partage pas tes doutes avec n'importe qui

Il y a des personnes avec qui tu peux te montrer vulnérable et partager tes doutes, tes projets, tes aspirations et tes galères. Il y a des personnes avec qui c'est la dernière chose à faire. Les pervers narcissiques font partie de cette catégorie, de même que les Ouin-ouins. Les Ouin-ouins, je t'en ai déjà parlé plus tôt, tu sais ces gens qui passent leur temps à se plaindre. *Remember* ?

Bon.

Les pervers narcissiques, c'est encore une autre catégorie, un peu plus délicate. Parce qu'en plus d'être nuisibles, ils se nourrissent de tes doutes et de tes moindres failles énergétiques. Pire ! Ils t'en créent de nouvelles. Ils te font perdre confiance en toi en utilisant des techniques de manipulation tout aussi démoniaques qu'efficaces. Hum, hum...

Si tu sais que tu as affaire à un pervers narcissique (un parent, un ex, un frère, un collègue...) ne lui parle surtout pas quand tu es encore en phase de questionnement. Ne communique que lorsque tes décisions sont fermes et définitives sinon tu ne feras jamais rien et cela prendra du temps avant de pouvoir te refaire confiance. J'en connais un rayon, *trust me on this*.

Quant aux Ouin-ouins, c'est terrible parce que c'est comme s'ils attendaient que tu fasses part de tes projets et de tes questionnements pour te montrer la profondeur de leur misère d'âme.

“ Ah non mais de toutes façons, qu'est-ce que tu veux faire ? ”

“ Tous pourris. ”

“ De toutes façons ce n’est pas pour tout le monde, hein. ”

“Faut connaître sa place dans la vie. ”

Ouin, ouin, ouin...

Soit ils vont te plomber complètement alors que tu avais besoin d'être re-boostée, soit pire, tu te retrouves à les coacher à la machine à café. Misère !

Être en paix

Tu sais les choses sont simples, tu as deux options pour être en paix dans la vie :

Option 1 : tu te coupes du monde et tu vis dans ton coin, recluse avec tes chats, tes vaches et tu oublies que tu es un être humain. Tu passes tes journées à méditer et à prier comme une moniale pour atteindre un état d'extase et de transcendance permanent. J'ai récemment visionné la vidéo de cette femme qui est en état d'orgasme *H24*, je t'assure que sa vie est un cauchemar.

Option 2 : ***tu apprends à créer la paix en toi quelques soient les circonstances extérieures et tu reprends le pouvoir sur ta vie***.

Parfois, on a cet idéal de ce que notre vie devrait être. Une vie sans stress, sans drame, sans challenge. Le calme plat. La routine en quelque sorte. A mesure que je t'écris ces lignes, je vois un électrocardiogramme complètement plat. Il ne reste plus qu'à prononcer l'heure du décès et débrancher le patient.

En vérité, une vie de paix telle que la plupart des gens l'envisagent c'est une vie d'un ennui sans commune mesure. Qui veut d'une telle vie ?

Le fond de l'histoire c'est que ***tes croyances et ton énergie déterminent comment tu vis chaque expérience.*** Le vocabulaire que tu associes à ces expériences aussi. Et tu as de la chance, parce que cela, tu as un pouvoir absolu dessus.

Les mots que tu emploies

Parlons du stress par exemple... J'ai éradiqué le mot stress de mon vocabulaire. Je ne dis plus que je suis stressée.

Je dis :

"Je suis excitée à l'idée de " **...**

" Je me sens nerveuse à l'idée de "**...**

Car en vérité, le stress que je ressens à l'idée de faire quelque chose produit les mêmes effets dans mon corps que de faire quelque chose qui m'excite. Les palpitations, la nervosité. Le sens que je donne à ces signaux corporels va changer la manière dont je vais vivre l'expérience.

Je ne vis plus une vie stressante, je vis une vie excitante, pleine de défis à relever pour grandir apprendre et vivre une vie de plus en plus belle chaque jour.

Je suis totalement en paix avec l'idée que chaque expérience nouvelle apporte son lot de nervosité, d'appréhension. Mais cela fait partie du *game*. Sans ces émotions passagères, je ne vivrais pas non plus le sentiment de fierté d'avoir réussi à vaincre mes peurs et de m'être surpassée.

Les résultats que tu anticipes

La raison pour laquelle la plupart du temps, nous ne sommes pas en mesure de nous sentir en paix, c'est parce que nous passons plus de temps à envisager les conséquences négatives de nos choix qu'à nourrir la vision des résultats positifs que l'on attend. En d'autres termes, ***si tu n'es pas en paix, c'est parce qu'une partie de toi a peur de relever ce nouveau défi et pense que cela va te mener droit dans le mur.***

En pratiquant la *visualisation créatrice* au quotidien et en voyant tes peurs en face, tu te rendras compte que manifester tes désirs n'est pas si compliqué et qu'en réalité, ils sont déjà réels. Il te suffit de changer ta perception de ta vie actuelle pour améliorer tes résultats et ton sentiment de paix intérieure.

Croire

En toi et en l'Univers. C'est ce qui, je pense, est le plus difficile lorsque l'on a eu des expériences difficiles dans la vie et qu'on a le sentiment que l'Univers veut nous mettre des bâtons dans les roues. Lorsque j'ai prévu quelque chose et que ma journée ne se passe pas comme je l'avais anticipée, je vous assure que je rigole et demande à mes guides : “Bon et bien qu'avez-vous prévu de beau pour moi aujourd'hui ? Je suis à votre écoute et à votre service ”.

Avoir cette attitude m'a littéralement permis de découvrir un niveau de sérénité que je n'ai jamais connu auparavant. Se savoir guidée, aimée et protégée en permanence est à mon sens ce qui m'a le plus aidée dans mon cheminement vers une paix et une sérénité durables.

Faire la paix avec les autres

Les relations que nous entretenons avec les autres sont le miroir de notre relation avec nous-mêmes.

Pour être en paix, être en paix avec autrui ça peut avoir du bon. Es-tu en paix avec les personnes qui t'entourent ou ne t'entourent plus ? As-tu fait la paix avec ces personnes et avec toi-même ? T'es-tu pardonnée d'avoir été bête, aveugle, méchante, rancunière, naïve, trop gentille ? T'es-tu pardonnée de t'être donnée trop facilement ? T'es-tu pardonnée de t'être trahie ?

Une vie sans regrets

J'ai récemment reçu le message de l'une de mes lectrices qui me demandait où est-ce que je puise l'inspiration pour mes nouveaux programmes. Je lui ai dit tout simplement : " Dans vos histoires et de vos besoins ".

C'est exactement ce qui s'est passé avec l'un de mes programmes sur la gestion de la colère. J'ai fait un tirage de cauris pour un client qui voulait connaître l'origine de ses blocages dans sa vie. Il ne m'avait rien dit d'autre de sa situation (et à vrai dire je n'aime pas en savoir plus pour ne pas filtrer les messages que je reçois en séance). Et comme vous le savez pendant ces lectures intuitives, je ne fais qu'un avec le corps de la personne. J'ai commencé à sentir une espèce de poids énorme sur mes épaules et voir mon cœur serré. Je connais ce combo comme ma poche : colère et culpabilité.

Je tire les cartes, les cauris et je vois une scène de violence conjugale. J'ai cru que c'était une scène à laquelle il avait assisté quand il était petit et lui ai demandé de me dire si cela résonnait en lui.

Après avoir reçu ma vidéo, il a immédiatement demandé à prendre rendez-vous avec moi pour qu'on parle. Je l'ai pris dans la journée même, Monsieur avait besoin de vider son sac et était choqué de la précision des scènes que je lui décrivais.

Seulement, ce n'était pas lui petit, mais lui qui avait battu sa femme lorsqu'il était encore en couple. Ces scènes le hantaient.

Il n'arrivait plus à dormir, rejetait constamment la faute sur son ex-compagne qui le poussait à bout et surtout se sentait horriblement coupable par rapport à son fils et à l'exemple qu'il lui avait donné.

Après la séance, je lui ai dit que je ferais un programme auquel il pourrait s'inscrire s'il le souhaitait afin de travailler sur sa colère et ses regrets.

Car nous faisons tous des choses que nous regrettons dans notre vie et sans nous les pardonner, nous n'arrivons pas à avancer et construire la vie que l'on veut.

Je ne suis pas là pour juger cet homme ni ses actes, je suis là pour l'aider à guérir de ses blessures. Comme vous pouvez le voir, lui aussi souffre, il souffre terriblement et je suis très heureuse qu'il ait eu suffisamment confiance en moi et ouvert son cœur pour créer un espace de guérison en lui.

Le problème se pose lorsqu'on ne comprend pas que les regrets nous bloquent dans le passé, nous empêchent d'être dans la gratitude pour ce que l'on est, ce que l'on a, ce que l'on fait. Qu'ils nous empêchent de construire l'avenir.

Ce que nous regrettons

La principale raison pour laquelle nous sommes dans le regret, c'est parce que nous ne sommes pas satisfaites de là où nous sommes dans la vie. Plutôt que de se concentrer sur la construction de l'avenir, le cerveau s'accroche à ce qu'il connaît déjà et va même avoir tendance à le rendre plus beau que ce qu'il était.

Rendre plus beau ce que nous étions : une professionnelle accomplie, une femme en couple, une propriétaire… C'est souvent une question de statut social.

Rendre plus beau ce que nous faisions : je voyageais, je roulais en voiture, j'allais à la piscine trois fois semaines… C'est souvent le cas avec les jeunes mamans qui, parfois, n'arrivent pas à avouer et à s'avouer qu'elles regrettent tout ou partie de leur vie d'avant la naissance de leur enfant.

Rendre plus beau ce que nous possédions : je gagnais tant, je vivais dans une grande maison…

Nous sommes en permanence dans ***la comparaison entre notre ancienne version de nous et celle que nous sommes aujourd'hui***. Une grande partie de notre énergie est placée dans l'inacceptation de la personne que nous sommes et de la situation dans laquelle nous nous trouvons.

Après mon divorce, j'ai moi-même vécu ce combo colère et regrets. J'en voulais à la terre entière car j'avais du mal accepter tout un tas de choses qui "m'étaient arrivées ".

Je suis passée, en l'espace d'un an, d'entrepreneure à *salariée,* de propriétaire à *locataire*, de femme en couple à *maman solo,* de mère d'un fils unique à *maman de deux enfants*, d'un exemple pour ma communauté à une *femme honteuse qui avait tout perdu.*

Une énorme blessure qu'il faut prendre le temps de guérir en nourrissant la gratitude et en voyant le verre à moitié plein et non à moitié vide. Une énorme blessure que l'on guérit en prenant sa part responsabilité de ce que l'on a vécu. Je vous en parlerai plus tard dans ce livre.

Ton corps et toi

Le complexe est la résultante d'un jugement qu'on a porté sur vous auquel vous avez décidé d'adhérer de manière consciente ou inconsciente. Vous n'êtes plus obligée d'y croire.

Tu sais, les femmes ont de vraies difficultés à s'aimer pleinement dans ce monde, en particulier physiquement.

Depuis des années, je travaille sur la question du complexe physique. Après vous avoir guidée à vous libérer des complexes liés aux cheveux, je veux vous parler d'un autre sujet. Celui de notre corps. De notre couleur de peau, de nos courbes, de nos nez, de nos fesses, de nos formes, parfois généreuses.

T'es-tu déjà sentie complexée par ton physique ?

Moi oui.

Il y a eu des moments dans ma vie où je me sentais moche et grosse. Je ne me sentais pas bien dans ma peau du tout et j'ai essayé tous les régimes possibles. Je me suis affamée, je suis tombée dans les pommes plusieurs fois, j'ai mis ma santé en danger. Pourquoi ? Pour ressembler à ces femmes que je voyais dans les magazines et à la télé. A ces femmes à qui tout semblait sourire. A ces femmes qui attiraient l'attention de tous, en particulier des hommes.

Je pouvais être draguée dix fois dans la rue mais je ne croyais jamais que ces marques d'attention m'étaient destinées. Je ne pensais pas les mériter. Moi-même je ne me trouvais pas belle alors comment croire que quelqu'un sur terre pouvait me trouver belle ?

Se regarder avec les yeux de l'amour

Si je te disais que tu es une blessée de guerre et que ton poids, tes douleurs physiques, ton incapacité à faire certaines choses étaient la résultante de blessures que tu as eu à la guerre. Serais-tu aussi méchante avec toi-même ? Te regarderais tu avec autant de mépris dans le miroir ? Parlerais-tu de toi dans les termes que tu emploies pour te décrire : fainéante, indécise, grosse, flemmarde, naïve, trop ambitieuse, masculine, facile ? Dirais-tu cela de toi ? Non. Je ne le crois pas.

Tu te parlerais avec amour et tu panserais tes blessures tous les jours. Tes blessures du corps. Tes blessures du cœur. Tes blessures de l'esprit.

Tu chercherais à te faire aider des meilleurs médecins, infirmiers et thérapeutes.

Tu réclamerais ta pension d'invalidité à l'Etat sans te demander si oui ou non tu la mérites, si oui on nous tu aurais dû mourir au front pour recevoir les honneurs de la nation.

Tu t'honorerais.

Tu saurais que guérir une brûlure au troisième degré prend plus de temps qu'une simple écorchure et tu te donnerais le temps... De soigner, de guérir.

Tu es une blessée de guerre

Chaque cellule en toi porte l'ADN de tes ancêtres. Ils ont vécu la guerre. Ils ne te l'ont peut-être pas dit. Ils ne l'ont peut-être pas vécue comme tu te l'imagines mais ils te l'ont transmise, cette guerre qu'ils ont vécue. Avec leurs cris, leurs peurs, leurs souffrances. Ils te l'ont transmise cette guerre. Elle coule dans tes veines et tu as certainement passé les vingt-neuf premières années de ta vie à rejouer ce film. Sans en avoir conscience.

Tes ancêtres te demandent aujourd'hui de prendre le temps, parce que toi tu as un corps physique et qu'eux ils n'en ont plus. Aujourd'hui ils te demandent de prendre un temps pour soigner ta blessure.

Pardonner

Éprouves-tu encore de la rancœur ou du ressentiment aujourd'hui vis à vis de quelqu'un ou de quelque chose ?

Je vais vous dire les choses franchement ! Chaque rentrée scolaire pendant trois ans, j'avais comme une boule de colère qui commençait à m'envahir.

Un mélange de stress, d'angoisse et de rage. Contre mon ex qui me laisse gérer seule toutes ces responsabilités. Contre les institutions qui n'aident pas les mères seules. Contre les banques qui se précipitent sur nous pour nous refourguer des crédits alors qu'on a juste besoin d'aide. Contre le Juge aux affaires familiales. Contre tout le monde.

L'angoisse de ne pas y arriver.
Le stress de manquer de temps, d'argent, de courage, de patience, de tout.

Et puis j'ai pardonné à tout ce monde-là.
J'ai pardonné à tous ces gens-là qui représentaient tous une partie de

moi.
Mon ex ? C'est moi ! J'ai été comme lui par le passé. Si je suis en colère contre lui, je suis en colère contre moi-même et je n'avance pas.

Les banques ? C'est moi !
Moi aussi, il fut un temps où je croyais qu'on réglait tous les problèmes par la dette. Moi aussi je proposais à mes clients des paiements en douze, vingt-quatre mois “ pour les arranger ”. Moi aussi, il fut un temps où je trouvais normal de cumuler les découverts. Si je suis en colère contre les banques, je suis aussi en colère contre moi et je n'avance pas.

Le juge aux affaires familiales ? C'est moi. Moi aussi j'ai cru pendant longtemps qu'hommes et femmes devaient faire cinquante-cinquante dans le foyer. Si je suis en colère contre le JAF et sa décision, je suis en colère contre moi-même et je n'avance pas.

Une fois que tout ce petit monde reçut la dose d'amour dont il avait besoin, j'ai augmenté mon niveau d'énergie et ma confiance en moi. ***J'ai pris le temps de me demander ce que je voulais vraiment, mes désirs et valeurs clés. J'ai arrêté de courir, j'ai regardé les choses en face et j'ai agis en conséquence, pleine de mon pouvoir personnel. J'ai arrêté de nourrir de la colère vis à vis de ces personnes et de me concentrer sur moi, énergétiquement.***

Pardonner à tout ce monde m'a permis de me pardonner à moi-même. De tous les jugements que j'avais pu porter sur moi-même et qui me faisaient énormément de mal. Un, en particulier, c'est celui-ci, mon poids. Je me trouvais grosse.

Grosse

Autant que je m'en souvienne, j'ai toujours eu un problème de poids. J'avais huit mois lorsque j'ai été mise au régime pour la première fois. À huit ans, j'ai été victime d'une agression sexuelle dont je n'ai réussi à parler à mon entourage et en public que trente ans plus tard. La petite fille que j'étais a mangé toutes ses émotions. J'ai alors commencé à utiliser la nourriture comme mécanisme d'adaptation et j'ai entamé une longue lutte contre le poids. J'ai passé mon adolescence et ma vie de jeune adulte à aller de régime en régime, perdre du poids et prendre du poids, m'affamer, passer des heures à la salle de sport. J'étais violente avec mon corps, je ne l'aimais pas.

Quand je suis tombée enceinte de mon premier enfant à vingt-cinq ans, je suis tombée dans une dépression profonde pendant ma grossesse et j'ai pris plus de trente kilos.

Manger sa colère, le cas particulier des femmes noires

Les femmes noires ont tellement peur de passer pour “la femme noire en colère ” qu'elles internalisent cette émotion. Souvent via la nourriture.

J'ai été en colère pendant des années et ne sachant pas comment l'extérioriser, ne sachant pas comment la gérer, me sentant interdite de l'exprimer, je l'ai mangée.

Elle est devenue une bête qui m'a contrôlée. La nourriture me contrôlait. Je ne la contrôlais plus.

Sans m'en rendre compte, je mangeais à la moindre contrariété car si j'avais le malheur de dire ce que je ressentais, j'étais insultée, rabaissée, humiliée. Partout. Le stéréotype de la femme noire en colère faisait porter une menace telle que j'ai fait des choix qui se sont avérés contre-productifs pour mon estime de soi.

Il a fallu que je m'autorise à exprimer ma colère sans filtre pour enfin voir ma relation à la nourriture changer. Je vous rassure donc, ça se soigne. Le travail est mental, physique et énergétique et vous pouvez le faire quand vous en avez marre de porter une identité qui ne vous convient plus. La fille gentille, la femme forte… Peu importe.

Vous comprenez donc pourquoi de nombreuses femmes noires sont en surpoids et en obésité.

En plus d'être frappées par la pauvreté, le racisme, les déserts de nourriture saine, nous n'avons même pas le droit d'exprimer nos émotions sans risque. Notre colère sans risque.

Combien de fois avez-vous entendu “elle c'est une folle ” à propos d'une femme qui exprime ses émotions ? Combien de fois avez-vous entendu “c'est une mal bxxsée ” à propos d'une femme qui ne fait rien d'autre que dire ce qu'elle pense et ressens dans ses tripes et sa chair ?

Mes chères sœurs, vous méritez d'être la femme que vous voulez être. Une femme libre de ses opinions et de ses ressentis. Nul n'a le droit de vous mettre sous silence.

Devenir la femme que tu veux être

Devenir lunaire

La vie est cyclique, et cela, plus que quiconque sur Terre, nous les femmes le vivons dans notre chair. Nous sommes à même de le comprendre intellectuellement, intuitivement mais aussi de le ressentir. Une des premières étapes pour me reconnecter à mon énergie féminine a été de me reconnecter à mes lunes, (mes règles), à travailler avec mes propres cycles et à comprendre que j'étais en phase avec cet astre tous les jours.

J'ai appris à travailler avec la Lune, il y a déjà plusieurs années, quand le matin, en allant déposer ma fille à la crèche le jour de la Pleine Lune, je voyais les enfants surexcités. J'ai aussi constaté mon niveau d'énervement accru, ma difficulté à m'endormir. Puis je l'ai étudiée et j'ai décidé de ne plus la subir, mais de travailler avec les énergies qu'elle m'apporte.

Chaque mois, je fais un petit rituel pour me préparer à accueillir les émotions qui me traversent. La pleine Lune a toujours quelque chose à m'apprendre sur moi et je préfère me mettre dans de bonnes dispositions pour en profiter un maximum.

C'est ce que je te propose à travers les différents tirages de pleine Lune que tu trouveras sur ma chaîne YouTube.

Chaque Lune est plus ou moins puissante, raison pour laquelle, même si tu n'es pas une personne qui travaille avec ton intuition, tu la sens quand même. Si au contraire, tu es très intuitive, que tu reçois des messages régulièrement, que ta petite voix te parle et que tu sais l'écouter, je suis sûre que tu as souvent été frappée de plein fouet tout comme moi.

Ce que la Lune nous invite à faire, son message.

La pleine Lune nous aide à faire le bilan intermédiaire de notre cycle de vingt-huit jours. Après avoir posé des intentions à la nouvelle lune, quatorze jours plus tard, la Lune nous aide à faire le point sur nos émotions et nos projets.

Je vais te prendre l'exemple de la pleine Lune en Poissons qui a généralement lieu au mois de Septembre. Elle nous dit qu'il est temps de nous avouer nos plus grandes peurs. De rêver grand. De ne pas laisser notre ego nous obscurcir la vue. Que nous ne sommes pas seules et que tes objectifs de vie ne te concernent pas seulement toi. L'Univers entier a intérêt à ce que tu réussisses, te sentes bien et rayonnes.

Lors de la pleine Lune en Poissons de l'année 2019, mon challenge était de publier une vidéo par jour sur ma chaîne YouTube. J'avais négligé mes réseaux sociaux pendant ma dépression et mon burn out. Je ne voyais que le négatif. C'était le reflet du négatif en moi. De mes peurs. De la peur de mon pouvoir. J'avais supprimé mon compte Instagram notamment parce que je ne savais plus comment prendre du recul.

Et puis cet été 2019, j'ai accepté pleinement ma mission de travailleuse de lumière, de guérisseuse. Je connais le pouvoir de ces plateformes pour aider les gens à se transformer.

Lors de la pleine Lune, j'ai eu l'occasion d'être confrontée à toutes mes peurs :

- de refaire un burn out,

- que mes messages soient jugés,

- qu'on m'accuse d'être une sorcière,

- que ma mère surtout, musulmane pratiquante, me juge mal,

- que je me retrouve attaquée, qu'on me veuille du mal.

Je profite donc généralement des énergies de la pleine Lune pour travailler sur mes peurs les plus profondes, pour faire le ménage dans mes pensées et laisser ce qui ne m'arrange plus derrière moi.

Qui dit énergie féminine, dit énergie masculine...

Lorsqu'on veut travailler les merveilles de l'énergie féminine de manière fluide, on est obligées de travailler l'équilibre des forces. En particulier avec notre part masculine qui se manifeste souvent dans notre relation avec les hommes.

Pour travailler avec mon énergie féminine et m'autoriser à être moi, il a fallu que je retrouve mon estime de moi-même. Que je guérisse ce qui m'avait particulièrement blessée et heurtée dans mon sentiment de mériter les merveilles que la vie a à m'offrir. Que j'affronte mes propres parts d'ombre et que je voie à quel point l'énergie masculine s'était exprimée en moi et donc à travers les relations que j'ai attirées avec ***violence et dénigrement***. J'étais loin de me douter en débutant ce travail que ma relation avec les hommes jouerait un rôle aussi important. Que parmi toutes les relations que j'avais pu entretenir, aucune ne m'avait laissée complètement indemne.

Il était temps de réveiller le masculin sacré en moi et de le laisser se manifester dans ma vie.

Une énergie masculine qui dirige, protège, donne. Une énergie qui honore la Déesse que je souhaitais incarner. J'ai dû revoir mes relations une à une, à travers un exercice que je te propose de faire maintenant. Si tu souhaites le faire avec moi je t'invite à rejoindre Manifest Love©.

Faire le bilan des hommes de ta vie.

Pour cela, je t'invite à prendre ton journal, à t'installer confortablement et à refaire l'historique de chacune de tes relations au cours des dix dernières années. Qu'il y ait eu relation sexuelle ou non. Si tu n'as été avec qu'un seul homme, et que tu n'as pas eu d'aventure extra conjugale, remonte aux vingt dernières années. Dessine un tableau avec cinq lignes et une colonne par relation. Note sur chaque ligne :

- le nom de la personne que tu as fréquentée,
- la période de votre relation, de votre rencontre à la rupture,
- dans quelles circonstances vous êtes-vous rencontrés,
- comment t'es-tu sentie pendant cette relation,
- pourquoi la relation s'est-elle terminée.

Voici un exemple que tu peux reproduire facilement dans ton journal

	1	2	3	4	5
Prénom					
Période					
Circonstances de la rencontre (qu'est-ce qui vous a attirée chez lui ?)					
Mon sentiment de bien-être dans la relation					
Les raisons de la séparation					

Vous allez vous rendre compte de chacun des schémas que vous répétez. Parfois, on se demande pourquoi on attire toujours à soi le même type de relations, le même type d'hommes. Vous devez comprendre que ce n'est pas parce que vos hormones vous poussent toujours à désirer le même type d'hommes que vous devez répéter encore et toujours le même scénario. ***Votre corps est attiré par les mêmes choses parce que vous nourrissez la croyance que ceux sont ces hommes-là qui vous attirent***.

En voyant ce tableau et les raisons pour lesquelles vous vous êtes séparés de ces hommes qui répondent plus ou moins toujours au même profil, vous vous autoriserez à désirer les hommes qui correspondent à vos aspirations profondes, celles de votre âme, pas à vos schémas destructeurs.

Les hommes féminins

Comme tu as pu le voir, nous approchons de la fin du livre et je ne pouvais pas le terminer sans te parler des hommes que la femme forte attire. ***Les hommes féminins.***

Ces hommes sont une catastrophe. Une catastrophe ! Pour ta confiance en toi et pour ton estime. Malheureusement, les hommes féminins sont légion et quand je te parle d'un homme féminin, je ne te parle pas de la caricature de la folle ou de Michou, je te parle d'un homme à l'extérieur qui est en vérité une femme à l'intérieur. ***C'est un homme qui agit avec l'énergie féminine.***

Il s'attend à recevoir au lieu de donner. Il est émotionnel au lieu d'être rationnel. Il est dans la stagnation au lieu d'être dans l'action. Il est dans la "collaboration" au lieu d'être dans la compétition. Il veut nourrir au lieu de protéger. Il fuit, est indisponible, ne sait pas ce qu'il veut. Il a peur de s'engager.

J'ai connu beaucoup d'hommes féminins malheureusement et ils ont tous plus ou moins les mêmes schémas : ils ont un gros problème avec leurs mères. Soit ils se sentent abandonnés par leur mère d'une manière ou d'une autre, soit ils se sentent castrés par une mère contrôlante et hyper masculine. Dans les deux cas, ce sont des hommes qui vont tenter de vous contrôler, de vous manipuler en soufflant le chaud et le froid ou en étant présent sans s'engager. ***Ceux sont des hommes qui peuvent aussi vous faire investir en eux au lieu d'investir en vous.***

Le problème avec les hommes féminins, c'est qu'ils nous poussent inconsciemment à être en permanence dans notre énergie masculine. A être une guerrière qui construit, travaille, *stratégise*, agit. Ils ne nous autorisent pas à être dans la douceur, le charme, la sensualité, la patience, l'intuition. Ils ne nous laissent pas l'espace d'être dans notre énergie féminine. Nous devenons compétitives et ressentons tout le temps le besoin de prouver notre valeur.

Une femme féminine n'a pas besoin de prouver sa valeur à un homme, elle la connait. Elle n'a pas besoin de prouver sa valeur à un homme, il la connaît. ***Elle n'a pas besoin d'être en compétition***

avec les autres ou avec elle-même. Elle agit en fonction de son intuition et de son instinct avant tout. Elle sait. Et c'est tout.

La valeur d'une femme dans la vie d'un homme

Vous devez vraiment comprendre, accepter et agir en fonction de cette phrase : ***pour un homme masculin, vous êtes le prix.***

Quand vous êtes dans votre énergie féminine avec un homme, vous agissez comme le prix que vous êtes. Vous ne le pourchassez pas. Vous ne quémandez pas son amour. Vous ne faites pas tout pour être celle qui montera sur son trône. Vous savez que vous êtes la reine en votre royaume et que c'est vous qui choisissez l'homme à qui vous allez faire le cadeau de recevoir votre attention, votre amour, votre énergie.

Énergétiquement, vous devez comprendre qu'***à partir d'un certain âge, un homme est plafonné dans son niveau de succès et de réussite s'il n'a pas une femme féminine à ses côtés***. Une femme dans son énergie féminine lui permet de trouver les ressources pour être dans son énergie masculine, aller plus loin dans sa carrière, développer de nouveaux projets, attirer à lui l'abondance et la richesse. Ce n'est pas qu'une question de statut social, c'est aussi et surtout énergétique. Nous stimulons leur énergie masculine et les aidons à la canaliser.

Les plus grands hommes savent que pour attirer la femme qui leur convient, ils doivent d'abord avoir construit leur vie sur des fondations solides. Ils savent aussi qu'ils ont besoin d'une muse pour les aider à avancer et à créer. A recevoir de l'inspiration de l'Univers. A recevoir, aussi, les bénédictions et cadeaux que celui-ci a à leur offrir : succès, statut, enfants... Ces hommes veulent avoir un héritage à transmettre et veulent être un excellent parti.

Les hommes qui n'ont pas d'ambition pour leurs vies vont vous faire poireauter, souffler le chaud et le froid, vous faire attendre des années avant de s'engager. Soyons claires mes chéries, en dessous de trente-cinq ans, les hommes ne devraient pas se mettre en couple. Ils n'ont rien construit et n'ont rien à vous offrir. Ni à vous, ni à vos futurs enfants. Ne vous laissez pas balader par ces saltimbanques. Occupez-vous de vous, prenez soin de vous, pardonnez-vous d'avoir accordé votre temps et votre énergie à des hommes qui ont peut-être capitalisé sur votre force de travail et avancez !

Souvent, nous voulons être avec un homme et construire avec lui. C'est louable et généreux. Mais sur quelles fondations allez-vous construire ? J'aime souvent utiliser l'exemple de Meghan Markle ou de Serena Williams pour illustrer ceci. Ce n'est que lorsqu'elles avaient atteint leurs objectifs professionnels et personnels, lorsqu'elles sont devenues les femmes qu'elles voulaient être, qu'elles ont pu attirer le *perfect match*. Des hommes qui les vénèrent pour les déesses qu'elles sont.

Quelles sont tes aspirations et tes rêves dans la vie ?

J'ai emprunté cette méthode de définition de ses objectifs à Tim Ferris dans un livre que je vous invite à lire, si ce n'est pas déjà fait, *La semaine de quatre heures*. On peut éprouver de réelles difficultés à se projeter à la fin de sa vie et de savoir quelle est notre "mission de vie ". En revanche, avoir une approche plus à court terme peut être beaucoup plus facile. ***Définir ses objectifs saison par saison, sur des cycles de trois mois, permet de se retirer le stress de donner un sens à sa vie. De se retirer le stress d'être en retard sur sa propre vie.***

Dans trois mois, que voulez-vous être ? Que voulez-vous faire ? Que voulez-vous posséder ? Mais surtout, je vous pose cette question supplémentaire qui est pour moi la base de tout : " Comment voulez-vous vous sentir ? ".

Vous vous rendrez compte qu'il est beaucoup plus simple et que nous avons mille et une possibilités de nous sentir comme nous le souhaitons. L'Univers dispose de manières infinies de nous placer sur la bonne fréquence vibratoire, celle de la réussite et du succès.

Comme je le dis souvent, connaître votre mission de vie, c'est le rôle de celui qui rédige votre épitaphe au cimetière. Votre rôle à vous, c'est de la vivre.

Ne vous empêchez pas de vivre aujourd'hui, ici et maintenant, de peur de ne pas accomplir votre mission de vie. Rappelez-vous qu'***il n'y a pas d'échecs dans la vie, que des leçons***.

Visualise la femme que tu veux être

Pour faire cet exercice, je te propose de prendre à nouveau ton journal et de te projeter dans trois mois. Réponds à ces questions, si l'argent n'était pas un problème dans ta vie :

- Que ferais tu de tes journées, de tes semaines, de tes weekends ?
- Que possèderais-tu ?
- Qui aimerais-tu être ? (Exemple, une artiste reconnue dans mon domaine, une femme Zen & Organisée©, une maman de deux enfants…)
- Comment te sentirais tu ?

Je te propose de faire cet exercice avec une méditation guidée que tu trouveras dans mon programme Zen & Organisée© : ***quelle est la femme que je veux être***. Car bien souvent, nous avons peur de nous avouer ce à quoi nous aspirons réellement. Cela peut remettre complètement en cause notre vie actuelle et notre cerveau a même peur de se l'imaginer. Nous sommes donc limitées dans notre capacité de visualisation. Faire cet exercice peut aussi venir secouer notre vie de couple, comme cela a été le cas pour moi.

Je m'étais bien rendue compte après neuf ans que mon ex-mari et moi n'avions plus les mêmes aspirations. Que nous avions évolué sur des routes parallèles. Mais voilà, je voulais rester forte, sans savoir que ce faisant, je m'empêchais de vivre et je creusais ma propre tombe.

La femme forte en couple

Les femmes fortes ont de grosses difficultés dans leurs relations de couple. Elles n'arrivent pas à s'autoriser à être dans leur énergie féminine quand elles sont mariées ou vivent en compagnie d'un homme. Elles ont énormément de mal à se laisser guider et à laisser leur homme prendre le *lead*. C'est peut-être ton cas aujourd'hui. On va regarder cela de plus prêt.

Pourquoi t'est-il si pénible voire quasiment impossible de laisser ton homme être le leader dans ton couple ? Mama, tu dois déjà être leader avec tes enfants, au travail, n'as-tu pas envie d'avoir un espace où tu te laisses porter et où ce n'est pas à toi de prendre toutes les décisions, de protéger, de fournir les ressources ?

Je ne te parle pas de le laisser prendre le contrôle. Je te parle de lui laisser prendre le lead.

Pourquoi tu veux toujours décider de tout ? Avoir ton nez dans tout ? Savoir tout ce qu'il fait ? Pourquoi ? T'as pas autre chose à faire ? Moi je te dis que si.

Mais voilà, tu préfères être leader chez toi, plutôt qu'utiliser tes capacités de leadership dans tes projets business, associatifs ou créatifs.

C'est chez toi ou avec ton date que tu veux montrer que tu sais prendre des décisions et être assertive.

Chérie, laisse ton homme être un homme. Laisse te guider. ***Je ne te dis pas, je le répète une nouvelle fois, de te laisser contrôler ou manipuler, je te dis de laisser ton homme prendre les décisions importantes pour ton couple et ou ta famille.***

Tu sais, j'étais récemment en séance avec une des membres de Zen & Organisée©. Elle venait de faire une rencontre et avec le gars ça se passait plutôt bien. Bon feeling. Pas l'extase mais pas de quoi le chasser pour autant. Elle me dit "coach, je sens que la relation s'épuise un peu, j'ai envie de lui proposer de faire un truc ce week-end "

Je lui dis "non, ne bouge pas. Laisse-lui la possibilité de te proposer quelque chose lui-même, laisse-le revenir vers toi ".

Elle me dit "mais, ne va-t-il pas penser que je ne m'intéresse pas à lui ? ".

Ce à quoi je lui réponds, " non, n'insiste pas. Quand il revient vers toi et qu'IL te propose de faire quelque chose, dispose de cette proposition et dis-lui ce qui te ferait plaisir. Laisse-le prendre le *lead* de la relation. Laisse-lui sa place d'homme. "

Si jamais il revient vers toi en te disant " chérie, tu ne proposes jamais rien, j'ai l'impression que tu ne t'intéresses pas à moi ", dis-lui ceci : " Tu sais chéri, c'est toi le leader dans notre couple, c'est toi qui guides, moi je te suis. Si tu me proposes quelque chose, je me permettrai de donner mon avis car je sais que tu fais tout ça pour me faire plaisir. Mais chéri, je veux te laisser être l'Homme dans notre relation, c'est pour ça que je t'ai choisi ".

Nooooooon ! Tu sais la force de dire ça à un homme ? La force de dire à son homme "je te laisse la place d'Homme, soit leader "? Non !!!! Vous n'imaginez pas l'effet que cela a sur lui.

Mais voilà, toi qui lis ces mots aujourd'hui, cela t'est impossible. Tu sais pourquoi ? Parce que tu n'es pas prête à mettre un terme à cette relation si tes besoins ne sont plus satisfaits. Tes besoins matériels, émotionnels, relationnels, sexuels.

- Tu as peur de le laisser prendre le *lead* parce que tu as peur qu'il se plante et toi avec.
- Tu n'es pas prête à partir si jamais il prend des décisions qui vont à l'encontre de ta protection, de ton bien-être et de ta tranquillité matérielle et émotionnelle.
- Tu n'es pas prête émotionnellement, tu es trop attachée à lui (*ce n'est pas de l'amour doudou, c'est de l'attachement pur*

et simple).

- Tu es trop attachée au statut d'être en couple,
- Tu n'es pas prête financièrement (si jamais vous vous séparez demain, ton niveau de vie et celui de tes enfants, si tu en as, sera-t-il impacté ? Et dans quelle mesure ?).
- Tu n'es pas prête en termes d'organisation (as-tu un *support system* fiable qui ne dépend pas de lui ?).

Voilà pourquoi tu ne le laisses pas être leader, voilà pourquoi tu ne peux pas te permettre de relâcher la garde, voilà pourquoi tu es tout le temps stressée. Je sais, c'est dur… Mais sache ceci :

Ce n'est pas que tu n'as pas confiance en lui, c'est qu'en vérité, tu n'as pas confiance en toi car tu n'as pas assuré ta propre sécurité. Crée les conditions qui feront que, quoi qu'il arrive, tes enfants et toi soyez en sécurité. C'est important.

Que tu sois en couple, mariée ou célibataire en phase de dating, voici quelques éléments pour t'aider à évaluer ta situation.

- As-tu peur de la réaction de ton entourage familial, amical ou professionnel, si tu dis que tu te sépares de ton gars ?
- As-tu de quoi payer un mois de loyer d'avance si tu dois déménager ?
- As-tu une voiture à ton nom ? As-tu le permis ?
- As-tu une personne de confiance dans ton cercle à qui confier tes enfants ?
- As-tu des ressources suffisantes pour te prendre un appartement ?
- Si demain toi et monsieur vous séparez, as-tu de quoi payer un avocat ? As-tu droit à l'aide juridictionnelle ?
- Es-tu mariée ?
- As-tu une mutuelle à ton nom ? Pour toi et tes enfants qui ne dépend pas de ses ressources et de son travail ?
- Quelles sont les garanties que cet homme t'apporte ?

Autoriser un homme à être dans son masculin sacré, c'est aussi être dans son féminin sacré. Celui qui structure, nourrit reçoit et fait grandir. T'es-tu assurée de pouvoir être la déesse que tu veux être ? Où en es-tu dans ta vie ma belle ?

Les plaisirs d'une vie simplement luxueuse

Lorsque j'ai fait l'exercice que je t'ai proposé plus haut et que j'ai visualisé la vie que je voulais vivre, je me suis rendue compte que rien de ce que je faisais, rien de ce que je possédais, rien de ce que je ressentais, rien de ce que je vivais ne correspondait réellement à la femme que j'avais envie d'être. J'aspirais à une vie simplement luxueuse et j'ai fait le nécessaire pour pouvoir la vivre.

J'adore le marché surtout dans les petites villes et les petits villages.

Les odeurs. Les sourires (malgré les masques). Les discussions. Les échanges. Un jour d’été, en parcourant à vélo ma petite ville angevine, je me suis mise à filmer des petits bouts de cela. De ma matinée. J'ai mis un peu de jazz sur ça et mon montage était terminé.

Je me suis vue sourire dans cette vidéo et être vraiment, mais vraiment heureuse. Et j'ai pleuré en me voyant. Pas de tristesse mais de joie. Je me suis offert la vie de mes rêves. J'y suis parvenue, enfin, et je kiffe ma vie.

Il y a eu des moments où cela me paraissait impossible. J'avais tellement été conditionnée à faire passer les besoins des autres avant les miens que je ne m'autorisais même pas les plaisirs d'une vie simplement luxueuse.

Le luxe de prendre le temps. Le luxe de m'arrêter au bord d'un chemin pour voir la beauté de la nature. Le luxe de ne travailler que deux ou trois heures par jour. Le luxe de passer deux heures au téléphone avec une personne charmante. Le luxe de m'arrêter à la terrasse d'un café et de lire un bouquin déniché à la FNAC après de longues heures de flânerie. Le luxe de n'être propriétaire de rien. Le luxe d'expérimenter tout.

Il a fallu que je sorte de la culpabilité de faire passer mes besoins en priorité. Que je sorte de la peur et que j'assume qui j'étais. En particulier mes valeurs. Dont deux qui sont souvent décriées : le luxe et la liberté.

Surtout pour une femme.

Dire qu'on aime le luxe, c'est passer pour une personne matérialiste et dire qu'on aime la liberté c'est passer pour une femme indépendante qui ne veut se mettre avec personne. Une femme marginale et sans attache.

Il a fallu que je déconstruise cela pour m'autoriser à être moi.

Il a fallu que je retire le masque de la femme forte pour en porter un autre. Celui d'une femme puissante, féminine confiante, qui connait son pouvoir et qui l'utilise pour créer et manifester ses désirs. Qui l'utilise pour impacter positivement des milliers de femmes à travers le monde.

Et toi, t'autorises-tu à vivre une vie simplement luxueuse ? As-tu vraiment, le sentiment de la mériter ?

Reine

Je ne suis plus une princesse

Je suis montée sur le trône

Je suis une reine désormais

Et je connais mon rôle

Je n'attends pas un prince

Mais je choisis mon roi

Celui qui mérite le titre

Et je suis la seule arbitre

Je n'attends pas qu'on me sauve

Mais qu'on se dévoue

Qu'on mette sa pierre à l'édifice

Qu'on se mette à genou

Reine de mon royaume

Et j'en ai les clés

Reine de mon royaume

Les dés sont jetés

La suite pour toi

Je sais ce que tu dis, là en finissant ce livre :

“ C'est génial, elle me raconte son histoire, elle me dit qu'elle a réussi à vivre une vie simplement luxueuse. Et moi, je fais quoi ? Oui, je suis une femme forte, oui, je me rends bien compte que cela m'épuise, mais je commence par quoi ? ”.

J'ai pensé à tout, ne t'inquiète pas.

Voici un plan d'action à mettre en place dès aujourd'hui afin de t'apprendre à être plus dans ton énergie féminine, t'apprendre à être moins dans le contrôle et t'autoriser à être plus vulnérable. A rééquilibrer tes énergies féminines et masculines. Un plan d'action pour remettre de l'ordre dans ta vie en te basant sur ta force, celle d'être une femme.

Première étape : ***reconnais que tu es épuisée et que tu en as marre d'être forte.***

Prends un journal dès maintenant et écris cette phrase : “ aujourd'hui je baisse la garde, aujourd'hui je laisse mes guides, mes anges et ancêtres assurer ma protection. Aujourd'hui je m'autorise à vivre ”.

Cette profession de foi, cette déclaration d'amour et de confiance vis à vis de toi et de l'Univers t'ouvrira les portes de la magie et des mystères de la vie.

Deuxième étape : ***décide de ton me-time.***

Tu as besoin de temps pour toi et rien qu'à toi où tu peux souffler et respirer, même trente minutes par jour. Est-ce le matin ? Réveille-toi plus tôt pour te consacrer ce temps, tu le mérites.

Troisième étape : ***régler un problème à la fois.***

Qu'est ce qui t'empêche de laisser les autres t'aider, quelles sont les choses qui te pèsent en ce moment, comment visualises-tu ta vie ? Qu'est ce qui t'éloigne de la femme que tu as envie d'être ? L'argent, l'homme, le temps, ton job ? Choisis un problème et règle-le. Ne cherche pas à tout faire en même temps car bien souvent on s'épuise.

Quatrième étape : ***entoure-toi de femmes qui t'inspirent.***

J'ai créé Zen & Organisée©, mon programme de life coaching. J'y accueille de nouvelles élèves tous les mois. Nous y travaillons toutes les problématiques évoquées dans ce livre, l'argent, la sexualité, le couple, l'organisation, la spiritualité. C'est très important de s'entourer de femmes qui nous boostent, nous encouragent et nous tirent vers le haut. Tu pourras te faire un aperçu de l'énergie qui se dégage de notre groupe en rejoignant ma newsletter et en assistant à quelques-uns de mes lives sur Facebook. Tu trouveras les liens utiles sur mon site : https://clarisselibene.coach/arretedetreunefemmeforte

Cinquième étape : ***développe ton énergie féminine.***

Un très bon moyen d'apprendre à lâcher prise, c'est à travers la méditation, mais tu peux aussi essayer les cours de danse comme la danse africaine, la salsa ou la danse du ventre. Ces danses t'apprendront à être moins dans ta tête et plus dans ton corps et dans le moment.

Sixième étape : ***ne te compare avec personne.***

Aie confiance dans le timing divin de ta vie et arrête de te comparer avec qui que ce soit. Arrête Instagram et Facebook pendant un moment et si tu es vraiment jalouse de quelqu'un, sache qu'il s'agit d'un signal de ton âme t'invitant à opérer des changements dans ta vie. La jalousie est une émotion comme une autre, fais en sorte que ces personnes soient une source d'inspiration et non de frustration.

Septième étape : ***fais attention à tes pensées.***

On ne se rend pas compte de l'influence de nos pensées sur notre réalité. Pourtant, c'est bien à travers le prisme de nos pensées que nous percevons le monde. Que nous voyons la vie comme un verre à moitié plein ou à moitié vide.

Je vais donc vous donner un outil que j'utilise pour maîtriser ce que je pense, c'est le journal. Tous les matins au réveil, je note les idées, les choses, les pensées qui me viennent en tête. Ensuite je me pose les questions suivantes :

- Est-ce que cela m'appartient?
- Est-ce quelque chose que je pense vraiment ou est-ce une idée qu'on m'a mise dans la tête ?
- Est-ce que cette pensée m'arrange ?

En pratiquant le journal au quotidien, vous vous rendrez compte que la plupart du temps, vous pensez des choses que l'on vous a mises dans la tête et qui ne vous arrangent plus du tout. C'est le cas par exemple si vous avez des " dettes ". Vous pouvez croire que cela fait de vous une mauvaise personne ou que cela vous rend pauvre. C'est absolument faux. Vous avez investi en vous, cela vous permet de vous enrichir.

Un autre exemple : vous vous réveillez le matin et vous pensez que vous devez absolument changer de voiture parce que votre voiture vous semble pourrie. D'où vient cette pensée ? N'avez-vous pas vu une publicité avec des voitures neuves ?

Enfin, vous vous levez le matin et pensez que vous devez absolument aller à la salle de sport pour être "*healthy*". Mais vous détestez ça ! Qui vous a mis cette idée dans la tête ? Est-ce que cette idée vous arrange ?

Huitième étape : ***comprendre ses émotions et ne plus les fuir.***

L'Univers est composé de deux familles d'émotions, celles dérivées de la peur et celles dérivées de l'amour.

Les émotions dérivées de l'amour nous apportent joie, félicité et l'être humain est génétiquement programmé pour chercher à les vivre.

Les émotions dérivées de la peur nous font passer en mode survie et font de notre vie souffrance perpétuelle et chaos.

Les émotions sont la résultante de nos pensées. Nous ne sommes pas obligées de les subir et surtout de les laisser prendre le dessus sur notre corps, c'est à dire sur nos actions au quotidien. Combien de fois n'avez-vous pas réussi à faire quelque chose qui vous mettrait en joie par peur ?

Pour ne pas laisser la peur vous bloquer, encore faut-il avoir conscience que c'est elle qui agit ! Je vais donc partager avec vous un outil que j'utilise avant chaque prise de décision importante dans ma vie, décision que j'ai peur de prendre.

" ***Talking to my higher self*** " est un exercice puissant de reconnexion à soi et de maîtrise de ses pensées et de ses émotions. Il consiste tout simplement à laisser ses différentes voix intérieures s'exprimer pour comprendre de quoi elles ont peur et les rassurer pour nous permettre d'agir en alignement. Quand toutes nos voix sont d'accord et si et seulement si elles sont toutes d'accord, alors là, nous pouvons agir dans le sens de notre bien.

- Créez un espace sacré. Faites brûler de l'encens ou une bougie et si vous avez le temps, prenez un bain spirituel (je vous explique comment faire un bain spirituel dans Zen & Organisée©).

- Prenez le temps de vous installer confortablement en position assise ou couchée. Procurez-vous votre journal et un stylo. Assurez-vous d'avoir au moins une heure pour vous sans interruption.

- Exposez votre intention : " J'ai pour souhait de faire ________, je souhaiterais laisser toutes mes voix intérieures s'exprimer pour prendre la décision qui me convient le mieux ici et maintenant. Je vous écoute ".

- Déclarez la séance ouverte et précisez les règles à toutes vos voix. A ce moment-là, vous allez avoir un brouhaha de pensées qui viendront dans votre tête. C'est normal. Elles souhaitent toutes s'exprimer. Faites comme si vous étiez le juge et qu'elles devaient vous demander audience. Elles doivent parler chacune à leur tour. Notez ce qu'elles ont à vous dire.

- Donnez-leur un nom. Pour faciliter l'écoute, vous pouvez donner un nom à chacune de vos voix. Par exemple, j'ai une voix que j'appelle La Prof en moi. J'ai la lionne en moi. J'ai la Mère Teresa, la Diva en moi... Chaque voix correspond à une facette de ma personnalité et il est très important que chacune d'elles puisse s'exprimer, que chacun ait voix au chapitre. Elles ont toutes un point de vue différent et ont toutes quelque chose à vous apprendre.

- Rassurez les voix qui ont peur avec amour et bienveillance. Dites-leur ceci : " Je comprends que tu veux me protéger car tu as peur. Je me rends compte que je ne t'avais pas écoutée. Pardon. Je suis désolée. Je te remercie. Je t'aime. De quoi as-tu besoin pour que cette décision que nous devons prendre te convienne ? Qu'est ce qui pourrait te rassurer ? ".

- Laissez vos voix vous répondre. Lorsque j'ai fait cet exercice dernièrement au sujet d'un sempiternel régime, je me suis rendue compte que la diva en moi était convaincue que personne ne pouvait l'aimer si elle ne perdait pas les kilos qu'elle jugeait en trop. J'ai donc dû la rassurer en lui disant merci et en lui rappelant que dans ma vie, c'était tout le contraire qui s'était produit. Je lui ai demandé " qu'est ce qui pourrait te rassurer ? ". Elle m'a alors répondu qu'elle était ok pour ne plus faire de régime mais qu'elle voulait quand même qu'on fasse du sport plus régulièrement car elle craignait pour ma santé. Et c'est vrai que je ne fais plus autant de sport qu'avant. J'étais d'accord avec ce deal et toutes les parts en moi ont été d'accord.

- Agissez en conséquence. Une fois que toutes vos voix sont d'accord, vous pouvez maintenant agir et obtenir les résultats que vous souhaitez. S'il vous manque de l'énergie pour agir, n'hésitez pas à booster votre énergie grâce aux rituels que je vous propose dans la prochaine partie de ce guide.

Neuvième étape : ***prends soin de ton corps.***

La déprime chez la femme forte

L'automne et l'hiver sont des saisons assez particulières pour nous les femmes, en particulier si vous êtes d'origine afro-caribéenne, maghrébine, asiatique. Vous l'avez peut-être souvent constaté. Nous sommes souvent sujettes à ce qu'on appelle la déprime saisonnière.

Cette déprime saisonnière va avoir un impact sur notre humeur au quotidien et va avoir un impact particulier au moment de nos règles.

Nous allons avoir ce qu'on appelle le syndrome prémenstruel avec un état émotionnel assez bizarre. On va avoir beaucoup d'émotions négatives qui remontent à la surface. Nous allons aussi nous sentir plus fatiguées et nous sentir plus léthargiques, avoir des besoins en sommeil qui vont être plus importants.

Nous allons aussi avoir les cheveux qui tombent, les ongles qui vont être plus fragiles. Tout cela est dû souvent à une carence très répandue chez les femmes qui est la carence en vitamine D.

Il était important pour moi de vous rappeler l'importance de prendre des compléments alimentaires, l'importance de la vitamine D. De voir comment elle fonctionne, comment elle influe sur notre système. A vous inviter dès aujourd'hui à prendre des compléments alimentaires et à prendre soin de vos niveaux de vitamine D.

J'ai d'abord une question à vous poser : à quand remonte votre dernier bilan sanguin ? A quand remonte-t-il réellement ? C'est vraiment important et j'insiste avec tous les membres de mon programme de coaching, lors de mes conférences ou de mes retraites.

En septembre, c'est la rentrée. Nous profitons souvent de cette période pour mettre en place de nouvelles habitudes. En janvier, nous sommes souvent stressées par nos finances. Le stress s'accumule et l'on oublie souvent notre santé.

Je vous invite donc à aller chez votre médecin et à faire votre bilan sanguin et vérifier vos taux de vitamine D.

La vitamine D. Parlons-en !

Je vais vous expliquer pourquoi nous sommes bénies. Nous avons de magnifiques peaux et nous avons surtout une énorme substance chimique qui donne le noir à notre peau, à nos yeux, à nos cheveux, c'est la mélanine. Elle est magique. Elle rend notre système plus alerte, plus vif. Surtout au niveau de notre troisième œil, cette glande pinéale qui nous permet de nous connecter au plus Haut et de voir ce que la plupart des gens n'arrivent pas à voir, ce que la plupart des gens n'arrivent pas à entendre.

Cette substance-là est magique. C'est ce qui nous rend nous, les femmes, magiques. La mélanine.

Il faut savoir qu'elle est là pour filtrer certains rayons du soleil qui peuvent être nocifs à notre peau. Et lorsque nous sommes dans des latitudes dans lesquelles nous ne sommes pas génétiquement programmées pour évoluer comme c'est le cas en Europe ou en Occident, cette bénédiction, notre mélanine, se révèle être un filtre trop puissant.

Avec le faible niveau d'ensoleillement, la mélanine nous empêche de capter les quelques rayons du soleil qui restent, en particulier en automne et en hiver. Le soleil est pourtant essentiel à la fabrication de la vitamine D pour notre organisme.

Cette vitamine D ne sert pas à rien surtout pour les femmes. Lorsque nous sommes carencées en vitamine D nous allons être plus sujettes à certains symptômes comme la déprime saisonnière qui peut aller jusqu'à un état dépressif profond.

Elle peut nous amener à développer certaines maladies, notamment au niveau osseux.

Je suis sûre que vous avez dans votre entourage une tante ou une maman ayant vécu longtemps en Europe souffrir de problèmes osseux type ostéoporose et arthrose. Vous avez toutes une tante qui s'est fait opérer du genou. J'en suis sûre d'une part parce qu'elles ont beaucoup travaillé, ont été très masculines. D'autre part surtout parce qu'elles manquent de vitamine D. Elles ont été carencées la plus grande partie de leur vie.

La vitamine D va aussi avoir une influence sur notre système hormonal. Tout le corps humain est magique. Il a été créé à la perfection et lorsqu'il nous manque quelque chose, en particulier la vitamine D, on peut avoir des dérèglements hormonaux qui vont provoquer certaines maladies et des baisses d'énergies. C'est particulièrement le cas pour les œstrogènes.

La carence en vitamine D peut conduire à un dérèglement hormonal et nous faire produire des œstrogènes en grande quantité. Lorsque cela se produit, nous devenons alors plus sujettes aux désordres féminins tels que les fibromes et l'endométriose, des maux de plus en plus fréquents chez les femmes.

Booster son taux de vitamine D

Prenez de la vitamine D et choisissez les sous forme liquide et de qualité biologique. Vous en trouverez en pharmacie sans ordonnance.

Méditez sous le soleil. Je vous invite à chercher le soleil. Je sais que dans les cultures de pays colonisés, on nous dit ne va pas au soleil pour ne pas devenir plus foncé de peau. Ceci est la résultante de l'esclavage, de la colonisation et du colorisme qui en découlent. Ne laissez plus ces conditionnements vous empoisonner la vie. Allez au soleil en particulier le matin au moment où vous faites votre méditation. Cherchez le soleil. Mettez-vous au Soleil à votre bureau. Allez chercher la lumière chez vous et mettez-vous près de la fenêtre. C'est vraiment très important.

Testez la luminothérapie. Si vous en avez l'occasion n'hésitez pas à investir dans de la luminothérapie. Vous avez aujourd'hui pas mal d'objets qui permettent de travailler sur la lumière.

Note aux lectrices

Les conseils présentés dans ce livre sont un petit aperçu et un avant-goût de ce que mon programme de coaching peut vous offrir. Il existe une myriade de cours en ligne et d'outils de self coaching sur ma plateforme. Si certaines choses ne fonctionnent pas dans votre vie comme vous le souhaitez, vous avez désormais en main une clé supplémentaire pour ouvrir la porte de la nouvelle vie qui s'offre à vous.

Pour bénéficier de votre cadeau de bienvenue, rejoindre la communauté des lectrices de ce livre et bien plus en encore, rendez-vous sur arretedetreunefemmeforte.net/join

À PROPOS DE L'AUTEUR

Clarisse LIBENE exerce en tant que coach intuitive depuis 2010.

Médium et guérisseuse, conférencière et écrivain, elle accompagne les femmes dans leur chemin de transformation et de guérison de leurs blessures de l'âme, du corps et de l'esprit. Héritière de trois familles de guérisseurs du Sénégal, du Mali et du Congo, elle distille ses conseils à travers sa newsletter privée, son école en ligne, ses consultations privées et retraites.

Clarisse est maman de deux enfants qu'elle élève près d'Angers, en France.

Printed in France by Amazon
Brétigny-sur-Orge, FR

21070917R00062